刑事辩护

入门及进阶参考

蔡家旭 著

中国法制出版社
CHINA LEGAL PUBLISHING HOUSE

自序

Preface

找到你的相信　相信你的相信　实践你的相信

这不是一本系统性很强的书。这本书的内容是我过去几年在网络上发表的部分文章的集合，既有成长感悟，也有经验总结。应该适合对律师行业或者刑事辩护感兴趣的人、律界新人以及青年律师阅读。

在过去几年中，这些文字给很多人（包括我自己）带来收获，很多人通过这些文字认识和认可了我。他们认为其中的一些篇章写得很好，一些人鼓励我将这些文字结集出版。这是我在写作之初未曾料到的。

基于熟悉的、陌生的朋友的肯定，基于不想让自己的文字速朽和想看看自己的文章成为一本书的样子，我便大着胆子联系上了出版社，幸运的是遇到了中国法制出版社，他们认为这些文字具备出书的价值。

作为一名读书人，我很高兴。往常都是读别人写的书，这次终于能读到一本自己写的书。

抛开上面那些小小的虚荣心，我其实是想通过这本书告诉更多人，在这个纷繁复杂、遍布选择、处处有诱惑的社会中找到自己和自己的选择，并坚持下去。既然我可以，那你们也可以。

人生漫漫，唯有坚持。能够坚持下去的最大动力是相信。或是相信情感、或是相信理性，或是相信物质、或是相信精神，或是相信理想、或是相信使命，或是相信实践、或是相信人生，或是以上兼而有之。

生而为人，无信不立。

本书虽然是过去文章的集合，但为了符合出版的要求和规范，在内容上仍然做了不少改变，反反复复地打磨，已经近乎重写这些文章了。

说句玩笑的话，比我办案子难度高多了。

但也正由于这本书中的文章写作跨度有好几年，因此可能存在风格上不够统一、体系上不太齐整、文字上有所差异等问题。此外，受限于我个人的经验和视野，书中不可避免地存在错误和局限性，希望大家能够容忍和体谅，阅读时请结合自身情况参考。如果书中有一篇文章，乃至一句话能够对你有所帮助、有所启发，我相信我的目的就达到了。我也相信，阅读这本书不会浪费你的时间。不是说我写得有多么好，但至少，我写作时是认真的、真诚的、有所思考的。

我经常自嘲自己是无背景、无资源、无人脉的“三无”律师。很多人，包括圈内人士都觉得要做好律师，就需要有前面这三样。

可我偏偏不信邪，偏偏还从事了律师业务领域中压力和挑战最大的刑事辩护。到现在，不敢说已经做得很好、很成功，只能说取得了一些成绩，有了一些自己的经验，不用再为衣食忧虑。

这本书里的文字，与其说是经验分享，不如说是我这些年的成长史、奋斗史。从年龄和心态上讲，我觉得自己仍然属于青年律师的一员，仍然胸怀理想、仍然在相信、仍然在思索、仍然在成长、仍然斗志昂扬、仍然没有被世俗完全同化。一句话，我与你们同在。

我也曾经迷茫无助、受过打击，曾经不被认可、为生活忧虑。我也是从收费很低的案子做起，然后慢慢地收入越来越可观；我也是从什么案子都做的律师开始，一步一步走上了专业化道路；我也是草根出身。

这本书与其说是写出来的，不如说是走出来的、干出来的、拼出来的。

所以我觉得，我的所感、所想、所悟，应该能给后来者一点点参考、一点点力量、一点点希望。事实上，行业内的大部分前辈和后辈跟我一样，都是“三无”人员，但我们靠着自己的知识和勤劳，依然挣得了一份体面，获得了当事人和办案机关的尊重，在各个领域绽放光芒，使法治得以彰显。这充分证明，做律师固然艰辛，但是，努力就会有收获、相信就会有力量、奋斗就会有成就。

我始终认为，精神与物质同等重要，有了精神就一定会有物质。

我相信我所写的内容，并基本做到了。

我想大声告诉你们的是：人生是一场寻找，我们都会找到。

只要你找到你的相信，相信你的相信，实践你的相信，你就一定会越来越好。

我的相信是法律，我想你也是。

目录

Contents

第一部分　成长经验谈

第二部分　办案实操

第三部分　杂感与杂记

第一部分

成长经验谈

新律师，我想对你说
——律界新人成长十谈

之所以会讲这个主题，就是因为许多年以前笔者初入行时，没有师傅，没有系统化的启蒙，都是靠着自己一点一滴摸索成长，吃过太多亏、走过太多弯路，也踩过很多雷，过程煎熬与艰辛暂且不说，还特别孤独、无助，甚至一度迷茫。因此，笔者非常明白新人们的感受。所以我想讲讲我作为过来人的经验和思考，希望新人们不再经历或者少经历那些艰辛。需要特别指出的是，以下内容主要适合于执业时长三年以下的年轻律师、实习律师、实习生以及有志于从事律师职业的人，特别是想成为诉讼律师、刑辩律师的人。

第一谈：做律师，你真的准备好了吗

（一）你了解律师行业吗？

也许每一个想进入或者已经进入这个行业的人都会说：我

看过港台的律政剧，被影片中律师们英姿飒爽、气质干练的职业形象所吸引，被他们优越的生活条件所打动，被他们口若悬河的演说所折服，所以想来这个行业看看，也想做律师。对我而言，当然也受了影视剧的影响。影视剧确实影响了很多人对这个行业的看法。

但现实，真的是这样的吗？

就我在这个行业这么多年的亲身经历，认为律师行业有以下这么几个特点。不能说我的观察与感受就一定正确，但参考性还是有的。

1.这是个贫富不均的行业。

律师行业普遍存在二八定律甚至是一九定律。我们常常看到的那些光鲜的律师，只是这个行业的20%或者10%，大部分律师都很平凡。而且，如今律师人数越来越多，竞争非常激烈，早就不是“遍地是黄金”的那个时代了。

2.这是个收入下限无限低，上限无限高的行业。

这个行业的残酷就在于，其收入上限可能无限高，下限可能无限低，完全看个人，每个律师都各有各的道。我见过和听过的，有非常赚钱的律师，一年数千万元，乃至上亿元的收入并不是多么稀奇的事，在行业内也不是极个别现象，这就是典型的“富律师”，他们处在行业的金字塔塔尖地位。当然，也有辛辛苦苦一年下来可能才几万元收入的律师，扣除律所的管理费和税费后可能所剩无几。不过，实际上这两类律师在行业内都是少数，大多数律师的收入会高出当地平均工资的数倍，足够维持一个相对体面的生活，但总体上也远没有影视剧中呈现出来的那般“宝马雕车香满路”“蛾儿雪柳黄金缕”的景象。而且，大多数律师想维持这样一个收入和生活水平都相当不易，需要耗费大量精力、付出诸多努力。我们这一行，还有点靠天吃饭的意思，每个律师都很难保证自己的收入呈直线上升而不会减少。换言之，这是个海阔凭鱼跃，天高任鸟飞的行业，也是个竞争激烈、没有兜底的行业。

3.这是个一眼望不到头的行业。

这句话是什么意思呢？有两个意思。

第一个意思是，你永远不知道你的明天有多好，也永远不知道你的下一单业务在哪里。做律师的未来其实是不可预知的。

第二个意思是，有的律师八十多岁还奋斗在第一线；有的人做律师到一定年限，然后转头去做生意，或到企业做高管；有的人二十多岁开始做律师；有的人三十岁进入律师行业；还有的人四十岁、五十岁从其他行业转岗到此。换句话说，律师这个行业，没有退休一说，只要你愿意，只要你还干得动，你干多久都可以。如果你觉得累了，那么可以休息一下，或者到其他行业去看看，之后再回来也可以。

4.这是个鱼龙混杂的行业。

律师行业并不神圣，也不纯粹，但也不是混乱不堪，而是个异常精彩、能人辈出、五光十色、鱼龙混杂的行业。用一句话概括，这个行业，什么人都有。而且你也许能看见，性格千差万别、办案风格完全相异、办案方法各不相同的律师，在我们这个行业都大放异彩。孙子说，兵无常势，水无常形，律师行业便是如此。这个行业有规范化的探索，但个性才是这个行业的底色。

我是一名刑辩律师，刚入行时，我看到和遇到了行业内很多不好的现象，如有热衷走关系门路的律师，有以各种方式忽悠和欺骗客户的律师，以及行贿的律师。可以说，一路走来，中途一度迷茫。不过随着执业时间越来越长，见闻阅历越来越丰富，我将自己定位为专业派、技术派律师。对于年轻人来讲，进入行业所遇到的第一个人往往就能决定他对行业的看法与信心。但是我想说，由于这个行业什么人都有，如果你真的喜欢这个行业，即便刚开始遇到了不那么好、你不那么喜欢的人和现象，也要继续走下去，不停地观察和接触，总能找到与你相同的人和你想追求到的东西。换句话说，也许你遇到和见到的律师，并不是这个行业的全貌。

（二）你了解律师职业吗？

1.律师职业充分自由。

毫无疑问，这是律师职业最大的特点。也许再没有任何一个职业能像律师这般自由。

具体而言，律师职业的自由可以分为：选择自由、思想自由、经济自由。

选择自由包括两个方面。一是你可以自由地选择你做什么样的律师，什么法律领域都涉及的律师也好，或者是只做某一方面的业务的律师，如像我这样的刑辩律师也罢，都没有人限制你；二是你可以自由选择你的客户，你拥有说“No”的权力。律师这个职业好就好在，虽然也是人在江湖，但是身可由己。

思想自由，是指只要你不违法，那么你的身份、立场、信仰、办案风格等都不影响你做一名律师。比如，在刑辩领域，有风度翩翩的律师、有气质儒雅的律师、有大侠风范的律师，还有顶着很多头衔和职务的律师，这就是思想自由的外在表现。

经济自由，是指做律师一般情况下，可以实现生活不愁。当然，这个自由有大有小。大者财务自由，一生无忧，不用为物质条件忧虑；小者温饱有余，生活优渥，不用太过担心衣食问题。

2.律师职业没有朝九晚五。

你可以一觉睡到日上三竿，也可以一连几个星期不用去律师事务所，当然，你同样可能一连数日“白加黑”的工作，一连数月的出差、奔波。这个职业不需要上下班打卡，甚至没有严格意义上的“上下班”概念，你必须时刻在线，你必须学会自己管理自己。简单点说就是，有案件做案件，没案件，时间都是你的。

3.律师职业没有旱涝保收。

这是跟其他行业的显著不同之处，既然没有朝九晚五，那么收入就不可能定时定点发放。在政府部门工作，或者在企业工作，每个月的某一天都会有工资发放，几乎不会有意外。但是对于律师而言，特别是诉讼律师，可能这个月一下子接了好几个案子，收入不菲，下个月可能颗粒无收，或者可能上半年勉勉强强，下半年就来了一个优质案件足够一年甚至几年的开销，所谓“三年不开张，开张吃三年”。更为现实的是，每一个律师都会存在案源焦虑，小律师焦虑案源的有无，资深律师焦虑优质案源的有无，大律师则焦虑如何接办更少的案子、办更有意义的案子。可以说，这个焦虑伴随律师一生，如果想稳定，那么别做律师。

4.律师职业不能停止进步。

有人说，律师是个停不下来的职业。停不下来的学习，停不下来的业务开拓，停不下来的奔波与思考。一旦停下来，也许你就会被时代、被行业所淘汰。如果你中途暂停和退出，等到再接手、再想回到律师这行时你会发现，可能跟时代都有点脱轨了，需要加倍付出来融入。

5.律师职业需要时间积累。

律师这个行业有个流传甚广的说法——“三五八定律”，三年苦干入行，五年方温饱，八年能小康。这个说法的准确性我们暂且不去讨论，因为每个律师的情形都不一样，他们收获的结果和时间自然也不一样。但有一点确实如此：即律师这个职业需要时间的积累。积累什么呢？积累知识、积累智慧、积累经验、积累人脉、积累案件、积累名气，每一个成功律师都需要相当长时间的积累，绝无可能三五月或者一两年速成。

最后，我想说，律师这个职业，对综合能力要求很高，但将专长发挥到极致也能有你的一席之地。这个职业有三重属性，分别是：专业人员、销售人员、服务人员。专业人员是指我们要拥有过硬的法律专业知识和技能；销售人员是指我们必须具备将自己和这些知识技能推销出去的能力；服务人员则是由于我们所处的行业是法律服务行业，要与人打交道，必须注重客户的体验。

第二谈：做律师，地域重要吗

1.总体上中国的法律服务市场还是区域性质的。

即大部分的案件，特别是诉讼案件，客户主要还是在当地或者就近找律师。但是，随着全面依法治国的深入推进和全国统一大市场的建设，全国统一的法律服务市场正在逐步形成。因此，这对于律师的要求和素养，特别是专业化要求越来越高。为什么呢？因为一旦形成全国统一的法律服务市场，那么专业就是绝对的“通行证”，任何一个律师面对的都将是来自全国同行的竞争。

2.到大城市去还是到小城市去?

这是很多律师新人纠结的问题。这里所指的大城市是指二线城市以上，主要是省会级别以上的城市。我的看法是这样的，尽量到大城市去，实在不行还可以回去嘛。因为大城市的法律服务市场相对较大、法治环境相对较好、人们的法治观念相对较强、对律师相对认同和尊崇。比如，要是你想做某一方面的专业律师，到小城市就很难，因为那里的法律服务市场相对较小，案件量有限，缺乏实践的土壤，因此小城市往往都是什么法律领域都涉及的律师，只能什么业务都做一点，难谈深入。更为难受的是，小城市的人们对律师的认同感不那么高，做律师会很苦闷。但是如果你不介意这些，就想报效家乡或者便于照顾父母，到小县城做个律师也未尝不可，而且收入确实还不错。

3.不同城市的法律服务市场的区别。

最成熟的法律服务市场当然首先是在北上广深，特别是北京和上海。几乎所有的法律服务种类都能在这里找到。其次是二线城市。但是城市与城市是很不同的。比如，你想做涉外方面的法律业务，那么在一个内陆城市就很难开展，在广州、上海这种经济外向程度很高的城市就相对容易。再如，如果你是做婚姻家事这种传统业务，或者诉讼业务的律师，那么城市对你的影响就不是很大，因为每个城市都会有这种业务，只是市场大和小的区别。总体来说，一些新兴、新型以及对专业化程度要求很高的法律业务，总是先在大城市出现和成熟，然后向下延伸。

第三谈：做律师，找一个好平台还是找一个好师傅

1.在好平台找到一个好师傅的概率要大得多。

好平台由于名声在外，如一些知名律所和品牌律所，在这样的平台中遇见优秀的人的概率要大得多。虽然我们并不否认这样的平台也有一些很不好的现象和人。但是，一个好平台之所以有名，还是因为那里有不错的律师，毕竟，律所的核心就是律师。而且，正是因为名声在外，所以好事传得快，坏事传得也快，所谓“树大招风”。所以我推荐刚入行的新人，优先找知名律所、大律所。当然，如果自己认识特别优秀的律师，或者有关系很要好的律师朋友，那么也可以直接去投奔。但需要注意的是，律师的业务领域是有侧重和专攻的，比如我，专注刑事辩护。不可只看关系远近而忽略自己的想法与追求。

2.好师傅可遇不可求。

什么叫好师傅？律师圈里并没有一个统一的定义。但大致应该包含以下几个方面：人靠谱、业务强、专业精，而且，愿意毫无保留、倾其所有地带你、教你，让你从物质上和精神上都收获颇丰。但是，这样的师傅在实践中是很少很少的，遇到了，就是你的幸运，你应该珍惜。

3.主要还是靠自己，尽早思想独立。

对于律界新人来讲，要尽早摒弃学生思维，越早摒弃，成长和进步越快。

什么叫学生思维？指望毕其功于一役、有老师教有人带有人靠、有补考的机会。我们做学生的时候，很多人平时都不怎么看书学习，到了快要考试的时候，就突击那么几天。这叫毕其功于一役。律师行业非常讲究一点一滴的积累，指望靠一下子突击而做成事、做成功的，几乎没有。我们以前在学校读书向学校交了学费，学校有义务教我们，自然有老师带。但到了社会上，进入律所，一视同仁，唯结果论，重要的是看你有什么价值以及能够提供什么价值，你的工资和收入其实是你价值的体现。想让师傅给你高工资，首先你得能为他提供相当高的价值。比如，你能提高他工作的效率，能帮助他分担压力，能解决他的问题，甚至能弥补他的短处和不足。要是你这也不会那也不会，却要求每月拿高工资，还得师傅手把手教，你觉得哪个律师敢收你呢？他要花费时间来教你，由此要投入精力，甚至降低他工作的效率，还得付给你工资，世界上哪有那么好的事！我们以前做学生，即便一次考试挂科了还可以补考，最多交个补考费而已。但进入社会，做了律师你会发现，很少有人给你第二次机会。也许你只是哪个细节没有做好，也许是哪里出了一点小问题，甚至你都不知道哪里出了问题，那些客户和潜在客户就离你远去了，消失在茫茫人海，你们再也不会相见。一个案子忽略掉一个细节，后果可能相当严重，难以挽回。特别是对于刑事案件而言，面对当事人的身家性命和自由，一丁点错都不能犯，一旦犯错，后果将不可弥补。

一句话，千万不要一味依赖等、靠、要，也不要有这样的思想。首先要自己思考，其次尝试自己解决问题，如果解决不了再麻烦你的师傅或者别人。

我们应当明白，在这个世界上，有人帮你是你的幸运，无人帮你才是你的命运。

第四谈：做律师，应该找一个什么样的律所

1. 大律所、中小型律所如何选？

我建议还是选择大型律师事务所，即执业律师人数至少有30人的律所。这样的律师事务所好处至少有三：一是抗风险能力强，不会轻易倒闭；二是业务多元，能人辈出，见世面的机会更多；三是更规范，制度更健全，新人不会无所适从。

2. 选择新律所还是老律所？选择品牌律所（专业律所）还是综合律所？

我建议不要轻易选择成立时间短于三年的新律所，特别是在不熟悉、不了解这个律所的情况下。最好选择成立时间已经有五年到十年以上的律师事务所。成立时间短于三年的律所尚处于起步、生存阶段，各方面尚不稳定，有很多在这一阶段就死掉了，市场对这一类律所的认可度尚未完全建立起来，这一类律所对各方面资源的积累也远远不够。对一个新人而言，去这样一个律所，不可预知性太多了。对于一个成立时间已经十年以上的律

所，各方面相对健全、成熟，经历了前期成长的风雨，得到了市场的认可，也有一定社会资源的积累，新人去这样的律所，不可预知性相对较少，说得实际一些，去了更可能有活干，锻炼的机会可能更多。当然，一个律所如果太老，特别是年轻人很少，我建议也谨慎选择，因为这样的律所可能缺乏生机，缺乏进取心，有点日薄西山的感觉，可能看不到多大希望。

至于选择品牌专业所还是综合所，这要看个人职业发展规划和追求，这一点我在后面会讲。总的来讲，品牌专业所的特点是专、精、深；综合所的特点则是大、全、广。

3.没有十全十美的律所。

我进入律师这个行业已经有些年头，待过几个律所，也走访和看过很多律所。总的来讲，由于律师行业人合的属性，因此律所的管理相对其他行业其实是很落后的，很难完全实现制度化。任何一家律所都不是完美的，都存在这样那样的问题。关键是看你需要和看中的是这个律所的哪一部分，然后你必须要包容它存在的问题。

第五谈：做律师如何制定职业规划

1.专业化还是什么领域都涉及？

几乎没有人会否认专业化的律师不好。但并不是每个律师都是某一领域的专业律师，也不是每个律师都最终能成为某一领域的专业律师，实践中仍然有在多领域执业的律师。我个人认为，专业化虽已成趋势，但非专业律师也不必焦虑。因为这个世界上，高精尖的业务永远是少数，大多数的业务并不需要很强的专业知识，市场对这些业务也拥有很强的需求。比如，普通的民间借贷纠纷、并不复杂的人身损害类案件、简单的交通事故类案件，这些案件一直存在，几乎每个律师都能做，都会做。人民群众需要大商场，也需要社区里的便利店。

关于专业化的选择我觉得要结合这七个方面来判断，分别是：**执业地域、执业年限、兴趣爱好、性格特点、资源人脉、优势特长、职业追求和目标。**

如果你是在一个小县城，当地一年可能全部各类诉讼案件就只有几千件，如果你想只做一类案件，从而实现“专业”那就很难，除非你将业务做到全国。专业化的前提，必须要有业务量的支撑。

除非你立志成为某方面的专业律师，比如说进入律师行业就立志成为一名优秀的刑辩律师，你可以直接进入品牌专业所。如果你还暂时不清楚自己是否要成为某一方面的专业律师，我建议入行的前几年可以多探索，各方面的业务都做一做。

兴趣爱好则是重要的支撑点，比如我，就是喜欢刑事辩护，再苦再累我都不怕。律师其实是一个很苦很累的职业，虽然回报也不错，但关键是要能撑下去。撑下去，海阔天空；撑不下去，天昏地暗。

性格特点也很重要，如做一名诉讼律师，或者刑辩律师，非常讲究跟人打交道，要善于沟通，太内向了就是短板。

资源人脉、优势特长则是加分项，有，当然更容易成为某方面的专业律师，减少成长的时间，没有的话，也不必慌张，慢慢来就是。

职业追求和目标相当于是“立志”。你要是说我就是要成为某一方面的专业律师，那么我前面说的那些问题，都不是太大的问题，都可以想办法克服。你要是就把律师当作一份工作，赚点养家糊口的费用，也不想那么累，那么做个什么法律领域都涉及的律师，也挺好。

2. 目标如何定？

我个人的建议是：对职业目标选择不确定和不坚定者，可以先探索，什么业务都做做也未尝不好，而且这样更容易触类旁通，思维也可能更全面。而对于虽然目标选择确定和坚定，但客观条件不成熟者可先进行知识储备，做好准备，总有机会。机会一来，总能有一番作为。当年我就是这么过来的。

3. 禁忌。

定职业规划和目标最忌讳看什么赚钱学什么、三天打鱼两天晒网。比如，有很多人，看着别人做知识产权业务好像很赚钱，就学学这方面的知识，又看着刑事辩护好像也不错，也要做一做，这样尝试的后果就是什么都得不到。

第六谈：做律师如何提升专业能力和学习

1.到哪里学？

《红楼梦》上说："世事洞明皆学问，人情练达即文章。"只要想学习，到处都是学习的机会，到处都是学习的地方。

首先，对一个新人来讲，可以先在律所内部向一些资深律师学习请教，他们往往拥有丰富的经验和案源。

其次是读书学习，读书是性价比最高、门槛最低的学习，也是最值得的投资。我当年为了做刑辩律师而进行知识储备，将市面上的刑辩实务书籍几乎看完了。此外我们还可以参加庭审、观看中国庭审公开网的庭审视频学习具体的诉讼技巧。

最后，律师，特别是诉讼律师是一个与人打交道的职业，要勇于和学会与人打交道。因此，我们要主动与各行各业的人打交道，要学习他们的长处，了解他们的特点和心理。

2.应该学什么？

不可否认，律师职业是一个对综合能力要求很高的职业。因此，除日常的专业知识学习外，我们还应该广泛涉猎谈判知识、心理学知识、为人处世的知识，以及其他包括历史、人文、管理等方面的知识。

3.注重训练。

律师职业除了要注重学习，还是一个实践性很强的职业，需要时刻训练。只有时时地、刻意地训练，才能真正提高能力。

我认为应当至少进行三个方面的训练。具体是：

思维训练。律师思维是解决问题的思维、促成委托的思维。我们在跟潜在客户谈话时，不是纯粹为了答疑解惑，归根结底还是为了让他委托我们办案，如果没有委托的可能性，那么律师就不应当浪费过多时间，除非是在做公益。

技能训练。主要是说和写，这是一名诉讼律师的基本功。基础不牢，地动山摇。说的训练要求我们日常通过训练形成条理化、分析化的习惯，条理化就是什么都能说出个一二三来，分析化就是说出为什么是一二三，而不是四五六。写的训练则要求我们在日常的文书写作中或者其他写作中注重形式美和内容美，如文字的间距和排版、字号大小，不能有明显错别字和语病，内容不能犯低级错误等（如法条引用错误，引用失效的法律）。这里给大家推荐高云著作的《思维的笔记》（全两册）。

与人打交道的训练。这个训练就要求我们新人一定要多跟不同的人接触，主动跟人接触。

第七谈：做律师如何开拓案源

1. 案源在哪里？

首先要树立一个思维：即每个人都可能成为你的客户。所以，你尽量与每个人都友好相处，并适时展示你的专业与实力。在很多年以前，我刚做律师的时候，有一天穿着我们律所的文化衫，在路上骑着自行车，结果一路骑一路听见有人喊。我于是停了下来，回过头，对方确实在喊我，一位上了年纪的妇女拉住我问：你是律师吗？我回答是，结果她说有个事咨询我，后来这个人还到律所找过我，因为律师代理费的问题，她只让我给她的案子做了一个咨询，支付了咨询费。还有一次，我开完一个刑事案件的庭，旁听席下面就有人找过来，他觉得我庭审表现不错，要委托我辩护。讲我遇到的几个真实案例是想说，律师的案源是无处不在的，不要忽视。

我的具体的建议则是，先从身边人开始，先让身边的亲朋好友都知道你是律师，然后每接触一个人，都要注意介绍自己的职业、适时展示自己的专业。

2. 如何开拓？

具体的开拓方式我总结有七点：**要有营销的意识、勇于贴标签、差异化竞争、听说读写、线上线下、哪里人多往哪里扎、勇于和善于展示。**

前文说过，律师有三重属性，分别是专业人员、销售人员、服务人员。每个律师都是一个销售员，一个成功的律师，无时无刻不在营销，无一不重视营销，只是营销的内容和方式不一样罢了。所以如何开拓案源第一重要的，首先一定要拥有营销意识，主动营销、时时营销。认识你的人越多，认可你的人才可能越多，你的案源才会越来越充足，这一点对诉讼律师尤其重要。

其次是勇于给自己贴标签。这个贴标签的范围比较广，包括但不限于：专业领域、地域、职业背景、特长、兴趣爱好，等等。一句话，这个标签就是让别人印象深刻的东西，就是一提到这方面的东西，人们能马上想到的是你，而不是其他人。这样，找你的人才会越来越多，合作的机会也会越来越多。毕竟，律师行业是个讲究人气的行业，没有人气就没有业务。

再次是差异化竞争。差异化竞争跟上面贴标签相辅相成，但是差异化更讲究你跟别人的差别。换句话说，是将自己的优势发挥到极致，在差异化这个领域你能保持竞争优势，那么，这就是你的利器。

再就是听说读写。听说读写是一个律师的必备技能，也是可以充分展示出来的“产品”，或者说是一个律师的“面子”和“里子”。能倾听取决于律师的亲和度和服务能力，口才好则能吸引到别人，阅读量大则可以反哺口才、便利言语动人进而让人心生好感，写得一手好文章那就更不用说了。

然后是线上线下两手并用，哪里人多往哪里扎。这两种开拓方式，要求我们律师积极行动起来，如今是互联网时代，这个时代的一切都在互联网化、大数据化。作为律师一定要顺应时代要求，也互联网化，积极在互联网上展示自己，我写过这方面的文章**《律师如何通过写作扩大知名度和影响力》**，大家有兴趣可以去看，在此不再赘述。互联网是新人们弯道超车的好机会。同时我们也不可忽视线下的接触，法律服务行业是一个跟人打交道的行业，有时候即便是在线上建立了联系，还是要见面，为什么呢？因为线上交流虽然有这样那样的优点，但到底是有距离的，而线下才可以实现无距离的接触。线下的拓展除自己的亲朋好友圈外，大家还可以留意各种论坛、活动，有时间多跑跑，多混个脸熟，练习一下与人打交道的能力也是好的，机会可能就在这里面了。

最后是勇于和善于展示。积极地参加各种活动，是第一步，最重要的是要勇于和善于展示。展示什么呢？积极的发言，有内容的、有思考、有见地的发言。毕竟，让人认识你不是目的，让别人认可你进而委托你办理业务才是我们参加活动的目的。

第八谈：做律师如何跟客户打交道

1.时刻牢记我们是一个服务行业。

客户的感觉和体验很重要。以前有律师跟我说，你行不行不重要，关键是要让客户感觉你很行。我并不完全赞同这句话。我认为，你自己本身行很重要，但是，要让客户感觉到你很行同样重要。因此，我们积极地撰写文章、多多汇编成功案例，都是让客户感觉你很行的方式。另外，前文也说过，律师的三重属性其中有一重是服务人员，我这里说的服务人员并不是指酒店、餐馆那种服务人员，而是说我们律师要照顾到客户的情绪，要让客户能够感觉得到我们的努力与专业、敬业与尽责，特别是刑辩律师，可能一个案件中超过50%的精力都在跟家属和当事人打交道，跟他们打交道的重要性甚至有时候超过和司法部门打交道，如果不能将他们的情绪照顾好，不能解决好他们的疑惑，只低头办案，案件往往很难办，也很难办得完美。

2.时刻牢记我们是一名专家。

这要求我们在工作中要有专家的仪表、专家的谈吐、专家的做法。要有三个范：专业范、职业范、敬业范。

专家的仪表是指西装革履，正装示人。这样本身就是一种专业人士应有的形象。另外，男生不要留长头发、不要染头发，女生则不要穿着过于暴露性感、服饰不要过于艳丽。这都不是专业人士应有的形象。记住，商务的原则是简约。

专家的谈吐是指我们不能说外行话，这样做的前提是需要苦练内功。也不能不懂装懂、乱说一通。知道就是知道，不知道就是不知道。我们的谈吐既不能太脱离大众，也要有专业的观点和意见。

专家的做法则主要是指职业的表现，如干练的做派，能一语中的、一针见血地直指要害，而不能犹犹豫豫、拖泥带水、模糊不清等。

总而言之，专家就是专家，专家就要有专家的样子，专家拿出来的产品和成果，就是要让人觉得了不起，让人觉得与众不同，让人由衷敬服。我们既要有这种气魄和自信，也要有这种敬业精神和职业追求。

3. 注意事项。

跟客户打交道的注意事项有很多，这里仅指出一部分，也可以部分适用于跟你的师傅或者合作伙伴打交道。

注意保持一定的距离感和控感。这一条注意事项是律师跟客户打交道的第一原则，尤其适用于刑事案件中的当事人与家属。如果律师跟当事人和家属走得太近，往往会影响律师的专业判断和理性判断，而且他们对律师的要求可能会越来越多、越来越不合理。所谓控感就是，如果你不能对客户的情绪和要求实现可控，那么他们就会反过来“控制”你了。这个控感既要求自身实力雄厚、专业突出，也要求律师要有强大气场，不能被客户牵着鼻子走，不然你会很痛苦，非但会对你办案形成很大阻力，而且非常容易发生牵扯纠纷。这是我多年来很重要的一条经验。

倾听但不轻信，依靠自己。这一条注意事项同样可以适用于你和你的师傅或者合作伙伴。客户说的信息，你的师傅或者合作伙伴给你的信息，最好还是自己查一查，核实一下，信任他们本身，但不要全信他们提供的信息。这有利于培养我们严谨的工作习惯和作风。

理解你的客户但不要试图讨好。一旦你表现出这样的姿态，那你就将失去作为律师最重要、最核心、最有价值的东西——自由与独立。

不要欺骗，尽量真诚。欺骗这个东西，一旦被发现，会极大影响信任感和别人对你的评价，特别是人品。真诚则是最好的人品与营销，一万种套路，都不如一种真诚。

及时反馈。律师行业是个服务行业，我们的服务是无形的，但是服务的过程却可以做得有形化。秘诀就是，及时反馈。切记不要让你的客户来催你，当他来催你的时候，你就丧失主动权和“控”感了。你应该做到的是，案件有消息第一时间反馈，案件没消息你要主动多打听消息、多跟司法机关沟通，即便还是没什么消息，也要及时反馈给客户，也就是说，你的努力要让他知道，要让他看见。毕竟，律师不能承诺也不能保证结果，但将过程做到最优且不留遗憾，是可以做到的。

第九谈：做律师如何跟办案机关打交道

我总结了最重要的四点。

1.不卑不亢。

这是跟办案机关打交道最重要的态度。没有这个态度，我认为后面三点，都发挥不了作用。不卑不亢的意思是既不自卑，也不高傲，举止得体。这里以刑辩律师为例，刑辩律师打交道最多的，往往是公检法部门。他们不仅仅是普通的权力部门，而且是掌握生杀予夺权力的部门。因此，公检法部门以及这些部门的人常常比较强势，也带有令人生畏的威严感。我们律师应该怎么办呢？对刑辩律师而言，在气势上一定不能输给他们。

打个不太恰当的比喻就是，他们要是站在一万米的高度俯视我们，我们不但不能仰视他们，反而要自我拔高到一万米，甚至一万零一米来跟他们打交道。如果让公检法部门看出来我们在仰视他们，他们很难重视律师和律师的意见。

2.专业为王。

对律师而言，前面的态度是必备的，但光有态度还不够。特别是对刑辩律师而言，靠什么真正打动办案机关？当然是专业，而且是比他们更专业，对案件的研究更深入，对法律和政策掌握得比他们更全面、更透彻，这样他们才会真正服气，也才会真正打心眼里尊重律师、看重律师的意见，进而有利于我们为当事人争取更多的合法权益。

3.充分共情与共通。

对办案机关来讲，他们既抽象，又具体。单位是由一个个人组成的，案件也是由一个个人办理的。只要是人，一定就是有血有肉有情感的。因此，我们在跟他们打交道的时候，除了前面说的那两点，还可以适当地谈谈法律之外的，如双方的共同的兴趣爱好，共同的学校、导师等。我之前办理的一个未成年人的抢劫案件，在跟检察官沟通的时候，我注意到检察官是一位孩子的母亲，除了法律上和专业上的沟通，我们还聊了很多家庭、子女方面的话题，关于本案的专业意见最终也得到了检察官的重视，结果这个案件先是不逮捕，后来成功不起诉。

4. 勇于争取。

对刑辩律师而言，法治环境好不好，我们是体会最深的。如常见的会见难、阅卷难、发问难、质证难等。特别是在一些争议较大的案件或者一些重大疑难案件中，这些“难”体现得尤为突出。怎么办？办案机关说“不”不重要，重要的是法律上有没有说“不”，法律禁止才是我们的底线。法律上不禁止，或者法律有明确规定具体权利的，作为律师，我们就应该让这些权利落到实处。至于具体怎么争取，一个原则——坚持不懈、锲而不舍。如果到一个单位碰到了阻力，我的一般做法是，先跟他们那个单位的领导沟通，如果沟通不畅，再寻求那个单位的上级主管部门的帮助，再不行，可以找检察院或者律师协会反映情况等。很多时候我们觉得现实跟法律规定有差距，这里面的情况很复杂，但是，缩小差距的重要手段就是争取和斗争。须知权利是争取和斗争而来的。

第十谈：做律师应该避免哪些雷区和禁忌？

1. 坚守法律，坚守良心，先做个好人。

律师会面临各种各样、无处不在的诱惑，行业内也的确存在不少不良现象，一些年轻人会不可避免地受到影响，甚至因为没有经受住考验而走错了路。但我想讲的是，我们大多是普通律师，只有法律才是我们的保护伞和武器，只有良心才能让我们安心，知识和技能倒在其次。坚守住法律和自己的良心，最终才会让我们走得更远、看得更高、变得更强。假以时日，坚守住法律和自己良心的律师一定会有更大的收获。

2.做专业律师，不做勾兑行贿的律师。

律师在本质上，当然还是一个专家。专家就应当有专家的样子。有句话说，我们律师应当“政治问题法律化、法律问题专业化、专业问题技术化、技术问题细节化”，我认为说得很对。作为律师，我们应当亲近法律。做专业律师，才能挺直腰板，真正被人尊重，也能获得世俗上的尊重。

3.关注律师惩戒信息。

各位可以关注一下律协和司法行政部门的网站，里面会定期更新一些律师维权惩戒的信息，有些就是我们律师常见的风险点，处罚的对象就是我们的前车之鉴。说起来针对律师的各种规范不计其数，作为普通律师，我们除了要多加学习，不触碰这些禁区之外，还要多看看具体惩罚的对象和事实，可能更具体可感。

有什么是年轻律师千万不能做的

1. 千万要相信法律而不是相信法律之外的东西。法律既是我们的安身立命之道，也是安身立命之术，更是律师的力量源泉和最大最坚强的武器。做律师不信法律，不充分掌握和运用法律是一种悲哀，会为人所不齿，也不会得到人们真正的尊重。

2. 对待你的工作和职业千万别大大咧咧，千万要认真、敬业、勤业。我敢说，做到了前面这几点，即便你年轻，即便你经验匮乏，也可以解决90%以上的问题，经验很重要，但经验不是唯一重要的东西。

3. 一张白纸，没有负担，好写最新最美的文字，好画最新最美的图画。年轻人有着巨大的优势，千万认识到你的巨大优势，千万别妄自菲薄和整天想着自己的短处和缺点。一个人的成功，是因为将他的长处发挥到极致。作为年轻律师，多想想自己有哪些长处，将其发挥到极致你就能够弯道超车。要知道，老律师们有的优势（当然很多也是时代的红利），我们不会有，也竞争不过他们。我们这个时代有的，如互联网，他们那个时代没有，这恰恰就是我们的机遇所在。

4.作为年轻律师，讲得再多，都不如干一件实事。立目标万千，都不如多努力培养一个好习惯。习惯成自然，自然的力量持续而伟大。比如，我们做律师经常要讲话和写文书（文章），这是基本功，也是最重要的工作。要努力做到：讲话有依据，观点有证据。千万别信口开河，养成多方反复查证和核实的习惯。

5.千万别在专业上、法律上欺骗和忽悠你的客户，这事关你的人品。况且，在互联网时代，信息的不透明程度比以前低多了。

6.千万走正道，不要搞勾兑，不要做任何违法的事。不可否认，行业内目前依然还存在一些这样的司法掮客，有的好像还活得不错。但是，这种事不但不长久，而且为人鄙视、上不了台面，早晚会出事，一定会出事。不要干让你夜里睡不着觉的事。

7.千万别“跪舔”。我这里说的“跪舔”是指有为数不少的律师（包括一些老律师）面对司法机关时就常常自觉弯下了脊梁、面对一些客户轻易地被其所左右甚至投其所好。不要做这样的律师。做律师，与司法机关打交道的第一原则是平等，千万别仰视。我做刑辩律师这么多年，见过不计其数的同行仰视司法机关及其办案人员，一味顺从一味配合却不能提出一些有理有据的观点和意见，到头来效果真的很一般甚至很差。他们反倒是会重视像我这样敢于较真和进行专业知识碰撞的律师的意见（从我已经办理了这么多刑案的经验来看，效果还很不错），他们真正需要的是有价值的意见。对待客户也是这样。要知道，独立性才是律师的最大价值。

8. 千万别被一些律师给误导了，投入大量时间和精力去搞社交、进圈子、拉关系。自己有实力、有能力和有本事后，这些东西自然会来找你，也才会对你有所帮助和发挥作用。有效的人脉必须互有价值，互有价值，才会有交换与合作。

9. 千万别一味埋头办案和学习而忘了发出你的声音和抬头看天——营销和交流。这一块在你的律师生涯中至少要占到三分之一的时间，适度营销才能让人知道你并为你带来案源，与人多交流（不管是行业内还是行业外的人）才能让你总结提高、拓展思维和开阔眼界，不会沦为一个低级趣味的人和井底之蛙。只会办案不会吆喝的律师，恐怕多半会沦为打工律师（也就是跟普通上班族没多大区别，每月拿一份固定工资），干来干去很难体会到做律师最大的好处——自由，包括思想、身心及物质自由；只会费力吆喝而办不好案的律师，大概率不是好律师和专业律师——我指的是那种被人们由衷尊敬和称道而且能够获得较为优渥体面生活的律师。不相信的话，你们去看那些大律师们，都是既会宣传自己又办案能力突出的。这个时代各种声音太多了，酒香也怕巷子深。

10. 千万别盲目相信什么坚持就是胜利，如常说的行业定律“三年苦干入行，五年方温饱，八年能小康”。这句话有一定的合理性，但是，忽略了前提和其他条件。前提就是你在竞争激烈、高度市场化的行业内不是在混日子、熬资历，而是每天都在进步和持续精进（包括专业、说和写、沟通协调等各个方面的能力），那么这个定律一定对你适用，甚至能提前实现。所谓经验，不是指你在一个行业待了多长时间，而是有价值的经历有多少。其他条件则是，说这话的人，是经过了竞争激烈和高度市场化的行业的风浪而存活下来的，而很多人由于各个方面的问题已经被淘汰了，当然不适用这个定律。说实话，我看过很多干了一辈子律师的人却只能勉强温饱（无贬低之意）。我也看过很多中途转行的，确实是有个人性格、生存压力、能力不够等很多因素，能在律师行业生存下来还活得不错的，在别的行业也一定是精英；换句话说，如果感觉撑不住了或者坚持太难太痛苦，试试转行吧，说不定他处别有风光在等着你。律师行业并不是对每个人来说都是最好的行业，对适合和喜欢它的人才是。

11.千万要学会合作，千万别短视，千万别做自己不擅长的事和不擅长的案子，当然，早日找到你擅长的领域，你就离一个成熟成功的律师更近了一步。一个案子办砸了，对年轻律师而言，品牌和声誉也就毁了，这很可能会让你抱憾终生的。相反，对自己不擅长的领域找擅长的人合作，不仅能做大蛋糕，学到经验，而且能解决好客户的问题，好处多多。永远记得，我们这一行，当事人的合法权益第一，千万别辜负你的当事人，他们不仅仅是你的衣食父母，能委托你的当事人都是很信任你的人，冲着这份信任，你也一定不能辜负他们。

12. 千万不要急躁，千万不要让焦虑吞噬了你而做急功近利的事。不能干的事千万不要干，违反底线的事干一次往往就容易翻船，不在此刻必在日后（如刑事案件进行风险代理、为了胜诉做假证据、拍胸脯乱承诺等）。律师这一行确实需要讲经验积累，我们这一行没有谁一上来就是无敌状态，功夫没到火候不足，肯定赚不到钱的。

13. 千万要注意你的身体，无论你多大年纪，无论你的饮食还是生活习惯，尽量保持健康，不要放纵，一个律师没有好的身体一定撑不下去的。作为脑力工作者，我们这个行业的猝死率还是比较高的，还不说那些媒体披露的，我身边就有这样的例子，三十多岁的律师应酬太多、操心过度、经常熬夜，平时啥毛病没有，就突然走了或者突然得了一场大病的。

14. 千万要注意你的着装、打扮，千万别毫不在意。律师要有职业气息。什么叫律师的职业气息？衣着干练、整洁、西装革履。相信我，同等条件下，人们总是对那些穿得好点的人抱有好感（请注意，我不是要你追求奢侈，衣着像样即可，推荐大家看看《精英律师》，里面的着装是范例）。以貌取人是人性。这也是年轻律师最容易做到的，但实际上很多人做不到（更多可能是懒得做或者觉得没用），依然穿的很随意还抱怨自己没案子。

15. 千万要相信努力就会有收获，而绝不要相信别的你所没有的东西，因为努力是可以自己决定和做到的。相信我，只要深刻且持续地努力过，不成此事必成彼事。我自己就是一个典型，我无背景、无资源、无人脉白手起家（行业内相当部分的律师应该都是这样），入行伊始，靠自己努力（持续精进自己的专业能力、时刻提醒自己不得麻木和懈怠、不断提高自己的演讲和写作能力以及定期展示、经常性的外出交流和学习等）到现在，确实活得还不错，体会到了做律师的幸福和快乐。虽然有时候也很辛苦，但是每个职业包括人生都是这样，既有幸福和快乐，也有压力和烦恼；对大多数人而言，能坚持下去是因为工作的幸福和快乐超过了压力和烦恼。

16. 千万别太功利，工作之余多培养点自己的爱好和兴趣，如阅读、旅游、书画鉴赏、运动等。虽然现在社会上很多人都很功利。但是太功利了人就会活得很累，做律师本来就很累，为什么不让自己活得轻松一些？文武之道，一张一弛。生命在于体验，而人生太短暂，趁着年轻，多去体验。人生有很多烦恼和痛苦，有些是无解的，不妨让有趣多一些，才能够在相当程度上抵抗生命的无聊和孤独。

17. 千万莫忘了做力所能及的公益。法律人天然有救扶弱者、帮助穷困的使命，法律本身就有社会性，学法之人也应当有社会担当。人们最尊重的一定不是赚钱最多的律师，而是有担当的律师；一个人最快乐的时候也不是赚钱最多的时候，而是完成自己使命的时候。相信我，即便是做力所能及的公益，也能有效缓解我们的焦虑、浮躁、狂妄，而且，能让我们浑身遍布金钱无法给予的成就感和满足感。

18. 千万别怕拒绝，千万不要勉强自己。包括拒绝一段不合适的感情、一个不对脾气的客户或者客户不合理的要求、一个不好的老板或者一个不适合你发展的律所。很多人懂得却不会及时止损，根据我的经验，及时止损才能避免后面更大更多的麻烦和烦恼，也常常会让你有意想不到的收获和好处。

19. 在你的客户认可你和你的价值之前，千万别轻易报价。律师费背后是客户对你和你价值的认可。我敢担保，一上来就轻易报出律师费的，大多数客户会扭头就走，特别是喜欢一上来就问价的客户。一定要相信，价格由价值决定。如果客户还没发现你的价值，他只能从你的价格判断你的价值，那样你没有任何优势，除非你的价格最低。

20. 千万不要“看人下菜碟”。有很多同行会视客户的经济条件来报价，甚至如果客户经济条件好就报高点。千万要相信，决定一个案件的律师费最重要的两个因素是案件的难易程度和你的价值。比如，刑事案件通常不会三两天就结束，通常周期较长（别的诉讼案件相信也是如此），正所谓路遥知马力，日久见人心，搞些小动作时间一长人们都会发现的。一万种套路，不如一种真诚。一时的利益不如长期的安心。

21. 千万不要搞“低价竞争”，千万不要指望靠人情、免费或者低价吸引客户。除非这个人已经在前期付费成为你的客户，后面你可以友情帮忙或者给他友情价。根据我和很多业内人士的经验，他占你一次便宜，就可能会觉得你很廉价。永远记得，人情是人情，业务是业务，千万不要将二者混为一谈，否则只能是两失。

22. 我们都是人，不是神，都可能有失误和犯错的时候，这是实际情况。当发现一个案子做得有不完美甚至有差错的时候，要及时想办法弥补，尽全力挽回，正视错误、解决问题。千万别逃避，千万别拖，千万别用谎言和错误继续掩盖。相信我，让问题消失的唯一办法就是解决问题，逃避和掩沓只会让问题越来越大、越来越多。

23. 如果你想成为一名优秀的、成功的、令人艳羡的少数派“光鲜”律师、大律师，那么一定要走自己的路，千万不能也不要完全重复前人的路。这里所说的路包括自己独特的办案思路、风格，自己独特的开拓、营销方式，甚至自己独特的人生哲学、方法论和价值观等。不信你们去看，古往今来，不仅是律师行业，在任何行业做得出众的人，都有自己的独到之处，如果跟在别人后面，永远都不能成大气候。当然，如果你只想做个普普通通的小律师，或者自己没什么太大的追求，随波逐流也没什么问题，这个时代不会让人饿死，只有活得精彩和平淡的区别，大可不必焦虑。

24. 你越强大，世界对你越友好和越关注，你越弱小，世界越对你满不在乎和忽视。与其愤怒，不如努力让自己强大。世界很残酷，但残酷的世界还有很多值得我们珍惜的美好，在自己变强的过程中，千万不要丢失这些美好！这些美好让人生充满幸福感。当我们步入社会，会面临数不清的诱惑，数不清的坑以及数不清的人和谎言。诱惑、坑、谎言与欺骗，有时候是非常主观的体验，人生是一条长长的路，每个人的所见所闻都不一样。所以，你千万要学会分辨，千万要学会独立思考，千万不要人云亦云、不要糊里糊涂地点头盲从和盲目表达感恩！要知道哪些是真正对你好的人，哪些是对你坏的人。评价标准是：不要看他们对你说了什么，而要看他们对你做了什么；不要单看他们的行为，而要看在你最困难的时候是谁帮了你。只有如此，你才会找到人生中最重要的东西和最重要的人。

25.千万要对我们的行业和自己的人生有信心，千万别轻易相信别人对你的定义，包括对你性格在内各方面的臧否，包括认为你不适合律师职业的“定论”等。唯一能决定你在这个行业去留的，唯一知道自己是否真正喜欢和适合这个职业的，只有你自己。所谓“我命由我不由人，我命由我不由天”。

26.谨慎对待别人的建议，特别是过来人的建议，过来人包括成功人士、年长者，包括我。千万别人家说什么就信什么，然后机械地生搬硬套。余华说，世界上没有一条道路是重复的，也没有一个人生是可以替代的。每个人给你讲的那些过来人的经验和教训，你当然可以听一听，但仅供参考，因为他们都是基于自己的角度给你提建议（况且这个世界上大多数人的意见实际上都是不足一听的，因为有见识、有格局、掌握真理的人是少数），而你的路只有你自己知道怎么走才合适以及最终怎么走。任何人都无法对你的人生负责，你要明白，你人生的所有代价都是由自己承担的。

刑辩律师必备的四大思维

做律师日久，越发觉得思维的重要性。人的行为、行动，终归是由思维决定和触发的。虽说技能、经验也很重要，但随着时间的积累，人都或多或少会获得经验和技能。况且，对于经验和技能而言，如果人的思维错了，随之习得的经验和技能可能本身就是错误的，甚至是累赘。

可以说，有了正确的思维，会让人事半功倍，省时省力；有了错误的思维，则可能会让人一错再错，举步维艰。

那么，刑辩律师办案必备的思维都有哪些呢?

我认为，应当是问题思维、无罪推定思维、极致思维、共情思维。

问题思维

所谓问题思维，就是刑辩律师对自己接手的刑事案件要勇于怀疑、大胆质疑，带着问题的眼光去办理每一桩案件，更要积极找出案件当中存在的问题。每一桩刑事案件其实都会有问题，只是多和少、轻和重的区别。要么是事实问题，要么是证据问题，要么是程序问题，要么是其他法律问题。律师找的问题越多，案件的突破点就越多，越有利于维护自己当事人的合法权益，案件的处理结果越理想。

这里要特别说一说认罪认罚的案件。目前，实践当中大量的刑事案件走的是认罪认罚程序。认罪认罚案件不论是实体处理上还是程序进行上，都跟一般案件有很大的不同，我认为这是今后刑事司法领域的革命性变化之一，每一位律师都应当认真加以研究。

认罪认罚案件，我认为主要带来了三大变化：一是程序的加快，平常一个案件一个阶段期限如果是两个月，认罪认罚案件可能一个月甚至更短的时间就办结了，时间通常会快一些，法院的当庭宣判情况也比普通案件要有所增加，留给律师思考的时间不多，对律师效率要求提高了。二是律师的辩护工作更加提前了，审前辩护更加突出和重要，因为根据新的《刑事诉讼法》第二百零一条第一款的规定，对于认罪认罚案件，人民法院依法作出判决时，一般应当采纳人民检察院指控的罪名和量刑建议。三是个人感觉，对于认罪认罚案件，部分办案人员对证据等各方面的要求有所下降，他们认为，犯罪嫌疑人/被告人既然自己都认罪认罚了，案件基本就可以结了，很多问题即便没有完全查清或者缺乏证据支撑也不会深究，更有甚者对律师的意见会比较排斥。

其实认罪认罚的案件存在的问题相比普通的刑事案件可能更多，因为一来时间加快了，很多问题可能来不及过滤掉；二来部分办案人员思想的松懈，反而会暴露出很多问题。这反过来给我们律师两点启示：一是慎重建议你的当事人认罪认罚，虽然法律规定对一切案件的判处都要重证据，重调查研究，不轻信口供，但口供本身也是八种法定证据种类之一。二是认罪认罚的案件可能比普通案件问题更多，只要认真研究、善于发掘，案件的突破点会更多。

无罪推定思维

《刑事诉讼法》第十二条规定：未经人民法院依法判决，对任何人都不得确定有罪。这个思维可以说是我们刑辩律师的首要思维。律师最强大的武器就是法律。任何组织和个人都不能超越法律，法律就是律师的所有底气。如果刑辩律师不能有这个思维，那么很难跳出以办案机关的视野看问题。在实践当中，仍然有不少办案机关和办案人员秉持着有罪推定的原则进行办案。毕竟无罪推定会增加破案和办案的难度，相反，有罪推定一定程度上会有利于破案和办案。但是有罪推定往往容易产生冤假错案，有很大的副作用。刑辩律师只有牢固树立无罪推定原则，才能发现案件的“另一种真相”“另一种解释”，才能不陷入办案机关的既定路线，才能真正站在当事人的立场上帮助自己的当事人。

极致思维

所谓极致思维，并不是走极端路线的意思。而是说，刑辩律师对待明显有问题的刑事案件时，要拼尽全力、敢于依法坚持。大家都知道，刑事案件中要和公检法等国家机关打交道。跟他们打交道并不是一件容易的事。换句话说，面对一个强大的对手，你只有比他更强大，对手才会正视你，才会给予你平等对话的机会，也才会真正考虑并重视你的意见。

这个极致思维我深有体会。每当一个刑事案件确实有问题，特别是有很大、很多问题的时候，我一则会找出所有问题；二则会不断跟办案机关的办案人员反复沟通、反复交换意见。在我印象当中有很多次，当我这么做了之后，办案人员的态度都有很明显的改观，最后结果也都不错。很多刑事案件的办案人员在我没有跟他们沟通、没有提交意见之前，常常态度一般，甚至冷淡，非常傲慢；但当我真正找出问题，并持之以恒地跟他们坦诚地沟通、交换意见后，他们都会被我打动，进而认真考虑我的意见。这种极致思维其实能外化为一种感染力，讲究的是，律师一方面要将专业发挥到极致，这是基础，也是决定沟通成败的根本；另一方面，律师要对待案件有决心，你的决心越大，能感动办案人员的概率就越高。

共情思维

所谓共情思维，就是刑辩律师真正要把当事人和家属视为自己人，要真正理解他们的心情，真正站在他们的立场上考虑问题和提出建议。

一桩刑事案件，对刑辩律师而言可能司空见惯。对当事人和家属可能就是决定一辈子的事，可能一辈子就遇到这么一次。处理得稍有不慎，结果可能影响他们的一生。所以刑事案件的当事人和家属常常表现得焦虑、焦急、焦躁甚至有些“疯狂”，刑辩律师都应当首先理解他们、疏导他们、安抚他们，而绝不是居高临下的训斥和嗤之以鼻。只有理解他们，才能跟他们建立更深入地信任，才能发掘案件更多的信息，也才能真正帮助到他们。可以说，没有共情思维的律师当不好刑辩律师。

有句话叫“霹雳手段、菩萨心肠”，我觉得很适合刑辩律师。一方面，刑辩律师要行霹雳手段，以雷霆万钧、毫不露怯之势与国家公权力机关斡旋；另一方面，刑辩律师要怀菩萨心肠，慈悲地看待和对待自己的当事人及其家属。毕竟，我们跟其他律师的不同之处在于，我们办的不仅是一件案子，更是别人的人生啊。

刑辩律师的五大沟通之道

本文想就与办案机关沟通的原则、宏观方面展开论述。毕竟，技巧不能脱离原则而存在，没有战略的战术是茫然的。下面，笔者想结合自身的办案经历从五个方面展开。

一、勇敢

我将勇敢列为沟通之道的第一条，因刑辩律师相对于国家公权力机关而言，是实实在在的“弱势群体”，从哪一方面来看他们都不占有优势。

这里所谓的勇敢，当然不是蛮干，而是大胆地提出和坚持自己的观点及意见。沟通，即有来有往、交换意见。从一定意义上讲，刑辩律师只有提出关于案件的另外一种解释、另外一种真相、另外一种可能，刑事案件才会有转机，公权力机关办案才会更经得起考验。

在实践当中，一些公权力机关的办案人员态度生硬。有些同行可能就露怯了，这是我们需要克服的第一关，心理关。心理不强大，无人听你话。由于公权力机关常以破案、打击犯罪、追诉犯罪为目的，难免形成了非常强势凌厉的职业习惯，更由于律师代表犯罪嫌疑人或者被告人，他们有时候容易心存偏见。

所以刑辩律师的有效沟通之道的第一条，就是勇敢，要不怕他们“凶”，还要勇敢地提出和坚持自己的观点及意见。这一点做不到，正义的天平很难平衡，很难突破国家公权力机关的口子进而帮助实现犯罪嫌疑人（被告人）合法权益最大化。用司马迁的话说，千人之诺诺，不如一士之谔谔。

二、专业

沟通之道第二条，即扎实的专业支撑。什么叫专业？不说外行话，能分析案件解剖案件、拿出问题的解决方案，能提出有理有据有支撑的意见和观点，能娴熟地运用法律规定，能知己知彼地了解办案程序。

只有勇敢，没有专业，那不过是匹夫之勇。勇敢加专业，才能使办案效果最优化。律师不专业，一切都无从谈起。谈到这里，笔者想就自己的经验做一分享：根据法律规定，辩护律师没有举证的义务，可以不调查取证，只对控方的证据进行反驳和质疑。但是这无疑在实践当中会带来很多问题，一则增加办案机关的反感，以为律师只会一味反对；二则口说无凭，反对起来缺乏支撑。所以有很多时候辩护效果不是很理想。我的经验是，辩护意见证据化。什么意思呢？即我写的每一项辩护意见，都尽可能地搜集相对应的证据材料。比如，我们为当事人申请取保候审的时候经常会提到“对其取保候审不致发生社会危险性”，那么，为什么不致发生社会危险性？如何证明这一点？我们可以从他/她的一贯表现作为切入点，如可以提交他居住、就学、工作地区的品行证明，或者长期跟他一起生活、工作过的人的求情信。当然，辩护律师提交的证据材料办案机关认可不认可是另外一回事，但是肯定比只有一份孤零零的辩护意见要好，至少给办案机关和办案人员的印象不会太差，这样相对能增加辩护意见的说服力。

三、积极

沟通之道第三条是积极主动多沟通。有些办案机关的办案人员不太喜欢律师。原因无他，律师是站在他们立场的反面。一个要打击追诉犯罪，另一个却要维护涉嫌犯罪的人的合法权益，立场很难完全统一。但总不能不干工作了吧？怎么办？为了维护当事人的合法权益，除了不卑不亢，也要积极地和他们沟通。

人心都是肉长的，人终归是感情动物。一回生二回熟，人皆有恻隐之心。只要你不是胡搅蛮缠、乱说乱做，真诚地表达你的专业意见，就会感动这些办案人员。

我举一个自己最近办理的案件为例。当事人涉嫌抢劫罪，我到看守所会见到当事人后，了解到本案有很多问题，特别是我的当事人有很多有利的证据材料办案机关没有调取，我就立马着手搜集，然后撰写相关的辩护意见。工作完成后，赶往公安机关提交材料和意见，并沟通案件情况，不料去的第一回就被劈面浇了一盆冷水，人家根本不愿意搭理我，因为涉嫌抢劫罪是重罪，他们的态度压根就觉得没有讨论的必要。但我没有灰心，一面不慌不忙交完材料和意见，一面为下一次继续跟他们碰面做准备。过了几天我又去了一次公安机关，这一次他们看了我的材料和意见，可能觉得我不是那种胡搅蛮缠的律师，或者觉得我讲得有点道理，沟通起来就比较顺畅，并主动告知我他们的联系方式以及案件难点和走向，由此我获得了很多案件情况和信息。案件后续结果也比较理想，当事人被顺利取保候审了。

四、智慧

沟通之道的第四条是智慧，这里所谓的智慧，主要是指要善于听懂办案人员的话外音、弦外意，以方便刑辩律师开展工作、调整方案。公权力机关的办案人员因为其职位的特殊性，有些时候话不好讲，可能只是点到为止，但背后的信息量可能很大，也许这就是案件走势的风向标，这个时候非常考验刑辩律师的智慧和领悟力，需要细细揣摩。

比如我，对于取保候审有着比较丰富的经验，相对而言，跟检察院打交道很多。打交道多了，我也就慢慢琢磨出他们的办案特点和“话术”。

比如，你经过多次沟通，不断地与他们交换意见，他们还是说：“嗯，好的，你的意见我们会考虑的。”而且对你态度很好，也不过度透露什么信息，那么这个案件取保的可能性相对较低，而逮捕的概率相对较高。

但如果他们这么跟你说：“嗯，这个案件还是有很多的问题的，就算不逮捕，就算取保候审，我们也还是要查清楚的”；或者比如犯罪嫌疑人众多的共同犯罪，你作为其中一名犯罪嫌疑人的辩护律师，办案人员对你说：“嗯，这个案子应该一部分人要逮捕，一部分人不逮捕。”这时候就算办案人员的语气很不友好，你也可以小小地松口气了，甚至可以偷偷乐一会儿，你的当事人不逮捕进而取保候审的概率会相对高点。

当然，以上只是我个人的体会，不代表普遍规律，供大家借鉴参考。

五、学习

沟通之道的最后一条，就是与时俱进不断地学习，要善于运用最新的规定为当事人争取最大化的合法权益。

人的既定思维、旧思维、惯性思维有时候很难被改变。因为日复一日这么干，就形成了经验，经验进而上升为思维。作为刑辩律师靠什么扭转呢，只能靠法律规定，尤其是最新的法律规定。依靠新规去打破一些人的旧思维。

还是上面说的那个抢劫的案子，公安机关在为当事人办理取保候审的时候，要家属准备一万元左右的保证金，但鉴于家属的经济条件并不太好，我立即提出，根据最新的《公安机关办理刑事案件程序规定》第八十四条第二款的规定，我的当事人系未成年人，应当优先适用保证人保证，即“人保”，后来他们经过考虑和查阅规定，最终的确也是以保证人保证方式为当事人办理的取保候审，为家属节约了一笔费用。

综上，凡此五道，常用常新，用之既熟，能减少很多刑辩律师的办案阻力。阻力既小，办案也就顺利多了。

刑辩律师接案的“十不接”原则

一、当事人和家属过分迷信关系、迷信权力的案件一律不接

在刑事案件中，仍有相当一部分当事人和家属会迷信关系和权力，这一部分内容在本书已有详细阐述，在此不再赘述。这里只想强调一点，律师作为法律专业人士，知识和智慧应该是律师的立身之本和主要提供的服务内容，而不是其他别的东西。

二、当事人和家属不相信法律、不相信律师的案件一律不接

在刑事案件中，由于许多人是第一次遇到“事”，不了解法律和律师很正常。但有的当事人和家属在请律师时，只是因为案件需要（如去看守所会见或者到检察院阅卷），而不是很

相信法律和律师，特别是有些当事人和家属在律师给其详细分析案情和咨询后，由于根深蒂固的“误区”，仍是半信半疑，只把法律和律师当作办理案件的辅助，或者将信将疑，甚至觉得律师可有可无。毫无疑问，这样的当事人和家属很难和刑辩律师建立起信任关系，案件要想办好、有效果，取得理想的结果就十分困难。

三、当事人和家属期望律师给出不切实际的承诺的案件一律不接

在刑事案件中，当事人和家属焦急和迫切的心情可以理解，毕竟当事人失去自由、陷于高墙之内。但是有些当事人和家属则完全被焦急冲昏了头脑，如有的家属凭着自己了解的一星半点案件情况来咨询律师，上来就问：律师，这个案子能不能取保、能不能缓刑？无论是根据法律规定，还是出于责任感，此时律师尚未介入案件、没接触到第一手案件资料或案件直接当事人时，都不可能有一个详细的意见（特别是结果类判断），都只能给出一个大概的分析以及对案件走向和程序进行判断。如果有这样的律师，那么多半是骗子。另外，即使律师介入案件后，也不可能对案件的结果承诺什么，只会也只能分析案件的各种走向和可能性结果。律师承诺案件结果一来涉嫌违法；二来决定案件结果的因素有很多，律师的有效辩护只是其中的重

要因素之一。更何况，一个刑事案件的办理，短则半年，长则一年甚至数载，如何可能承诺将来一定实现某种结果呢？因此，律师即便承诺，也不一定就会实现。

四、当事人和家属自以为是、自作聪明的案件一律不接

在刑事案件中，这样的当事人和家属不在少数。特别是有一些当事人和家属，由于见多识广、社会阅历丰富，或者经济状况较好，有时候很容易刚愎自用。比如，在找律师时，不断地找不同的律师咨询（货比三家的道理谁都明白，当事人和家属多问几个律师也无可厚非），然后觉得自己就懂了法律，用其他律师的意见来考律师，或者故意借此机会“蹭知识”，然后自己找其他渠道去解决问题，更有甚者，希望以此或者从各种渠道获知的消息来误导或指挥律师。这样的当事人和家属可能对请律师没有多少诚意，即便接下来，也会很别扭，或者容易把案子办砸。

五、当事人和家属不告知和提供真实情况及材料、妄图蒙骗律师的案件一律不接

这样的当事人和家属不多，但并不是没有。笔者也曾经遇

到过，差点影响到案件办理。焦急的当事人和家属为了让案件起死回生，使出浑身解数，用上一切手段，甚至编造虚假信息和伪造相关材料，这样做不仅十分危险（不论对案件的办理还是律师本人或者当事人和家属而言，都是这样），而且对案件的办理无半分好处。严重时，这种行为还可能构成犯罪。

六、当事人和家属企图律师突破底线、违法违规帮助当事人和家属的案件一律不接

在刑事案件中，有的当事人和家属会问："律师，能不能去找找关系？找关系我们愿意花钱。"有的家属会问："律师，能不能给看守所里面的亲人带点烟酒进去？"这是比较常见的，有些人经过律师的答疑后，就明白了。有些当事人和家属则仍然固执己见，希望律师去行贿或者做一些其他违法行为，这样的案件，律师一旦接了，只会引火上身。

七、当事人和家属一味讨价还价、不尊重律师劳动的案件一律不接

这样的当事人和家属更不鲜见。他们以为请律师和到菜市场买菜、去商场购物一样，可以随意还价。虽然我们不以当事人和家属支付的律师费高低来判定他们对律师及律师劳动的尊重程度，

但愿意按标准支付律师费毫无疑问是尊重律师及律师劳动的表现之一。律师行业本身是智力密集型、知识密集型行业，律师本身出售的就是自己的知识、智慧和时间，由于律师的知识和智慧是个体化的，时间是固定的，律师的经验更是无可替代的，如果他不是在做公益，一旦接下一个案件，他就得放弃其他案件，或者他放在其他案件上的精力和时间就不可避免地减少了。如果当事人和家属一味地讨价还价、追求低价，只能也只会得到次一级的律师服务，道理很简单，律师并不过分追求律师费，律师也不是商人，律师要的是那一份对知识、对自己、对自己劳动的尊重。这一类的案件要是接下来，办起来会比较吃力，也容易发生纠纷。因为这样的当事人和家属过于注重“实惠”，万一后面打听到有报价更低的律师或者觉得案件结果不太理想，可能会让律师退费甚至投诉律师。与其这样，不如一开始就不要接这样的案件。

八、当事人和家属想要支配律师、不听从律师合理意见的案件一律不接

这样的当事人和家属也不少，和第四种有点类似。但不同的是，这一类当事人从寻求律师帮助开始，压根就只是打算找一个供自己支使的帮手，甚至找律师只是为了打打“下手”，律师的意见听一听，自己指挥全盘。殊不知刑事案件并不同于那些商事案件——即诉讼可能只是“商战”的一环和手段。刑

事案件的进行过程一旦出现失误，会直接影响和决定案件结果，且无法逆转，当事人的自由和生命可能会受到威胁，来不得半点闪失。对于毫无刑事法律知识背景和刑事案件办理经验的当事人和家属而言，这样做，无疑是视自由和生命为儿戏。这一类当事人和家属，相当于让律师充当傀儡。

九、当事人和家属犹豫不决、希望律师随时在线的案件一律不接

在刑事案件的办理中，律师有至少一半的时间和精力用于应对当事人和家属。当事人和家属相当于是“战场的后方”，如果他们瞻前顾后、犹豫不决，乃至情绪失控，非常容易造成“后方不稳”。如后方不稳，则全局失利。

十、当事人和家属搞道德绑架，要求过多过高，不支付或拖欠律师费的案件一律不接

实事求是地讲，大部分刑事案件的当事人都是有罪的，即便请了律师，也不可能都改判无罪或者达成无罪的效果，大部分的案件请律师能够争取到从宽处理就已经很不错了，律师的作用是有限的。律师必须站在法律的立场上帮助当事人，而不可能指鹿为马、颠倒黑白。只有少部分案件确实存在重大问题

或者当事人可能无罪的情况。而且在实践中，很多时候即使律师认为当事人无罪，也并不代表最终司法机关就一定判定当事人无罪，一个刑事案件要作无罪化处理，是一件比较难的事，司法机关考虑的因素较多。

几乎每一件刑事案件的当事人和家属都会觉得受了冤枉，有些当事人和家属觉得律师是正义的使者，觉得律师就应当帮他们做这做那，律师一提收费就觉得太贵、太黑。对于这样的当事人和家属，律师要是接了他们的案子，帮助了他们，日后保不准会发生“农夫和蛇”的故事。

当然，如果案件确实有冤屈，特别是重大冤屈，如当事人可能无罪的，如果当事人和家属确实经济条件非常困难，至少对于笔者而言，愿意提供法律援助，愿意少收或者不收律师费代理。毕竟，维护法律正确实施，维护社会公平正义也是我们的职责和使命之一。

还有的家属和当事人会问：“律师，案件取保候审了我再支付律师费行不行？律师，案件判缓刑了我再支付律师费行不行？”或者给律师一个天大的承诺，表示当案件出现某个结果后，绝不亏待律师。

取保候审再付费，根据规定，这属于风险代理，刑事案件是禁止律师进行风险代理的。所谓风险代理，就是按照结果收费。而且，律师提供的法律服务内容是知识和智慧，其贯穿于刑事案件的全过程之中，并不能直接决定案件的结果，不可能凭结果收费。一般而言，案件的过程和走向比较顺利，结果并不至于太差。对于这样的口头承诺，根据笔者的经验，一般提出这样口头允诺的当事人和家属，允诺给得越多越大，事后往往可能消失得越彻底，基本上不会兑现。这样的当事人和家属，律师还是避而远之为好。

刑辩律师需要告知家属的十一大误区

笔者是从事刑事业务方面的律师，因此经常与刑事方面的法律及办案机关打交道，非常熟悉相关的办案规定和办案流程，同时也经常接触刑事案件当事人的家属。许多刑事案件的家属都是第一次请律师，毫无经验不说，由于对法律和现状并不了解、固有的思维误区及相当部分行业骗子的存在，导致他们常常茫然无措，甚至上当受骗。基于此，笔者写下本文，希望刑事案件的家属遇事请律师时，能纠正误区、不入骗子们的骗局。

误区一：人抓进去37天就会自动放出来。

这是目前为止，许多家属仍旧存在的误区。这个误区最害人。这个误区的来源是因为根据《刑事诉讼法》的规定，有三类特殊的刑事案件拘留期限最长可达37天。有的家属会觉得，既然最长只能把人拘留37天，那37天一到，当然人就会被放出来。

毫无疑问，这是荒谬的逻辑。根据《刑事诉讼法》的规定，一般的刑事案件流程是，公安机关会在最长拘留期满前提请检察院批准逮捕，批准逮捕后，对犯罪嫌疑人就会继续羁押。如果不批准逮捕，一般人才会被释放。

当然，实践当中确实也有37天后因为检察院不批准逮捕，公安机关决定取保候审，人被“放”出来的，但这毕竟是少数。根据历年的统计数据，大概80%甚至更多的人会被检察院批准逮捕，进而延长羁押期。

误区二：等等消息，说不定过几天人就放出来了。

目前实践当中，确实有人被刑事拘留之后，没几天就被公安机关“放”出来了。一般是因为取保候审，但只局限于极少数人（而且，取保候审也不代表案件就结束了），根据《刑事诉讼法》的规定，这几类人可能会取保候审：可能判处管制、拘役或者独立适用附加刑的（如危险驾驶罪，此罪常见和典型的罪行是“醉驾”）；可能判处有期徒刑以上刑罚，采取取保候审不致发生社会危险性的；患有严重疾病、生活不能自理，怀孕或者正在哺乳自己婴儿的妇女，采取取保候审不致发生社会危险性的；羁押期限届满，案件尚未办结，需要采取取保候审的。

刑事拘留是所有法律规定当中最严厉、最严重、最不会轻易决定启动的一种拘留方式。代表被拘留的这个人可能构成犯罪，一旦被判定有罪，是会留下终生案底的，对人的影响不可谓不大。因此，办案机关一旦启动刑事诉讼程序，或对一个人采取刑事拘留措施，非因法律规定，断然不会轻易就撤销或者暂停或者终结这种程序。

有这种误区的家属，是对刑事案件认识不清，以为刑事案件也不过是普通的“案子”。

误区三：办案机关的某些办案人员说不用请律师。

许多家属也是头一次碰到自己的亲人被抓，第一时间通过办案机关得知自己的亲人被抓的时候，更是六神无主、仓促慌乱。然后可能会有办案人员对家属说：“这是个小案子，不用找律师，判不了多久。”甚至说：“放心吧，过几天人就会放出来了。”

甚至极个别办案人员对家属说：“你不用找律师，你给我钱，我给你把人‘弄出来’。”

有的办案人员说不用找律师，很多家属也就信了，毕竟是办案人员抓的人，他们应该不会骗人吧。

但其实经不起推敲。根据《刑事诉讼法》第十二条的规定，未经人民法院依法判决，对任何人都不得确定有罪。一个人到底有罪没罪、该判多久、是不是需要承担刑事责任，是法院说了算，而不是其他办案机关或者办案人员。

另外，根据《刑事诉讼法》的规定，辩护人（律师）的责任是根据事实和法律，提出犯罪嫌疑人、被告人无罪、罪轻或者减轻、免除其刑事责任的材料和意见，维护犯罪嫌疑人、被告人的诉讼权利和其他合法权益。而办案机关是追查、打击犯罪和犯罪分子的，和律师的立场是相对立的。

对于极个别办案人员索要财物的情况，说实话，如今法治昌明，中央大力打击贪污腐败，确实已经很少见了，但实践当中也不是没有。这种情况下，有的家属会多个心眼，也有人竟然就相信了。

笔者劝家属不要把钱给办案人员，先甭管能不能把自己的亲人“救”出来，倒可能自己先进去了。这是什么行为，这是行贿呀！根据规定，对司法工作人员行贿数额在1万元以上，影响司法公正的，应当以行贿罪追究刑事责任。

误区四：律师会见就是去见个人，能有什么用？

有些家属在自己的亲人被刑事拘留后，由于案件处于侦查阶段只能委托律师作为辩护人进入看守所会见，就到处询问律师，有的可能还会“货比三家”。最后可能觉得这时候律师也没多大作用，就是进去见见人怎么样了，表达一下家属的关心慰问，随便找个律师就行了，甚至找个“实惠”点的律师。

殊不知刑事会见是刑辩律师最基础也是最重要的工作内容之一。一次专业的刑事会见，不仅给家属和关押在看守所的亲人以信心和慰问，更重要的是，也会针对当事人予以充分的法律咨询和指导，告诉他如何利用法律保护自己。毕竟，大多数时候是当事人一个人面对办案机关，自救比他救更重要。而且，鉴于当事人的口供本身属于证据的一种，如何尽量减少这一种证据中的不利因素，如何从当事人口中挖掘出所有对其有利的信息，就需要对当事人的充分辅导。这非常依赖律师的经验和专业。

更重要的是，一个专业的刑辩律师有着对犯罪的精深理解和判断，一旦在会见过程中判定当事人不构成犯罪的时候，他就会立即告知当事人其可以采取的相应措施，并在外及时展开营救。而如果家属随便找个律师，其对法律的了解不精深和专业化程度不够，可能就无法做到这一点，可能也就是“看看人、聊聊天”而已。

误区五：人都取保了，应该没事了吧？

首先，取保候审跟刑事拘留本质上并无不同，都是《刑事诉讼法》规定的强制措施。只不过，刑事拘留将当事人的自由限制在看守所里，取保候审将当事人的自由限制在更大一点的区域而已。

其次，取保之后，一般办案机关都会要求当事人随传随到，遵守取保候审期间的规定。

最后，取保候审之后，案件仍在向前推进，并不是撤销案件或者终止刑事诉讼程序。只是可以说取保候审的确是一个案件走向向好的信号，后续各种可能性（如撤案、不起诉或者缓刑等）会相对增多。但注意，这不代表案件就一定会获得从宽处理。实践当中取保后再次收押，以及取保后仍判实刑的，并不在少数。

误区六：先找关系，不行再找律师。

这同样是许多家属的想法和行为方式。许多家属认为，中国到底是人情社会，遇事都要找找关系，甚至更极端的一些人认为，关系决定一切。

关系本身是个中性词，既可能起到好作用，也可能起到坏作用，具体要看怎么用。比如，在刑事案件中，关于案件的信息在某些时候属于秘密，外人根本无从得知。根据法律规定，即使聘请律师介入，律师也需要在一定程度上保密。而靠“关系”来运作，不管这个“关系”和“关系方”是哪一头的，冒着泄露秘密、违法犯罪、舍弃“帽子”和丢掉“位子”的风险，恐怕没几个人会干。就算找到人给你“运作”，可能暂时没事，但这相当于就埋下了一颗不定时炸弹，不怕哪一天就爆炸了吗？

作为律师，我并不建议家属找所谓关系，从自身的经验来讲，我也根本不相信关系本身能解决什么问题。事实上，就刑事案件而言，决定性因素是证据和事实以及法律。无论找到哪一层“关系”，都不可能改变这三者。

而且，许多有这种误区的家属，往往是先找了关系，后来发现关系没多大用处之后，再积极找律师，由于时机已经贻误，律师介入案件的效果将大打折扣。

误区七：是不是找个年纪大的律师经验就一定丰富些、靠谱些？

首先，把年纪大等同于经验丰富本身就是错误的。在律师行业中，有很多人中途从其他行业辞职来做律师，也有许多执业年限很长，但实际从事律师业务不多而是在做一些其他方面业务的律师。

其次，尽管从概率上来讲，年纪大的律师的确更有可能经验丰富些、办事靠谱些，但也不一定就擅长所有类型的案件，不一定就是最合适的选择。一则律师执业时间越长，取舍越多，在资源、精力各方面专注某方面业务的可能性越大，擅长这方面未必擅长那方面。如果是刑事专业律师当然没问题。但是老律师的身体和精力也不一定跟得上，毕竟办案子不仅是脑力活还是体力活，而且老律师收费一般比较高，特别是专业性律师；二则我们实践中很多老律师当了一辈子律师，可能他办的案子确实多，但比较杂，对某一类案件也许并不精通，也许不如专门办理某一领域的律师。

总而言之，找律师不必迷信“越老越好”。关键是要找到适合自己的律师。

误区八：案子都是办案机关决定的，请律师有什么用？

这一点我们并不否认，案件的最终结果的确由办案机关决定。

但是，决定结果的影响性因素却有很多。就像能做出一道好菜的，是一位大厨，但影响大厨做菜水平的因素有很多，包括食材、配料、厨房人员配比、火候等。

而律师尤其是专业的刑辩律师，就是决定办案机关结果的影响性因素。

有人说了，那办案机关不考虑律师的意见怎么办？况且这种情况也并不少见。

首先，在刑事案件中，法律规定了很多情形，办案机关都应当听取律师意见，并予以回应和告知结果。

其次，办案机关也担心办错案，对律师的合理意见，他们也一定会考虑及采纳。一则律师本身属于体制之外的第三方力量，意见和视角相对于他们不同，更独到些，也更容易看到他们办案的漏洞和不足所在；二则听取和采纳律师意见后，办错案的概率会小些，在程序上也更合法合规些。毕竟，听取律师意见，符合法律规定，不听取律师意见，则有不符合法律规定的风险。谁愿意留个把柄和隐患呢？毫无疑问，听取律师的意见，特别是合理意见，他们的办案质量会更高些，更经得起考验些。

误区九：再等等，等法院审判的时候再请律师估计作用更大些，还能少花点冤枉钱。

这又是一大误区，而且存在于很多当事人和家属的思维之中。众所周知，刑事案件一般可分为侦查阶段、审查起诉阶段、审判阶段，其中审判阶段又分为一审和二审。

许多当事人和家属，包括一些同行认为，在侦查阶段律师又不能阅卷，在审查起诉阶段检察院也定不了一个人的罪和刑期，那当然到法院审判阶段请律师才能起到作用。

其实，刑事案件虽然由法院定罪处刑，但所依据的案件证据和事实却是由侦查机关侦查、检察院移送的。换句话说，如果能将不利于当事人的证据和事实在审判前就过滤掉，如果能将有利于当事人的证据和事实在审判前就提交和提出，相当于所有的有利因素都随案移送法院了，并被承办人提前看到，到庭审的时候律师辩护不就是水到渠成的事吗？律师乃至当事人的意见不就更容易被法院采纳吗？

加之诉讼都是有程序的，一个刑事案件的办理越到后面，想要纠正就越困难。原因无他，案件越到后面可能就已经定型定性了，再想要"翻案"，可能真的比翻天都还难。

如今新的《刑事诉讼法》已经通过，全国司法领域正在进行案件繁简分流改革。就刑事案件来讲，一个重大变化就是认罪认罚制度的推广，许多案件都将按照认罪认罚程序进行。根据新的《刑事诉讼法》的规定，对于认罪认罚案件，人民法院依法作出判决时，一般应当采纳人民检察院指控的罪名和量刑建议，也就是说，这一类案件的结果，可能在法院审判以前就差不多决定了。

误区十：花钱请了律师，案件马上就有转机，一切都能扭转。

几乎每个家属在没找律师之前，都不大相信律师和法律，都在不同程度迷信"关系"。在找了律师之后，却又无限迷信律师，以为案件马上就能出现转机，当事人马上就能被放出来。我们讲，一个刑事案件的办理，有着严格的办案程序和时间要求，具体可以参见笔者所写的文章《刑事案件必知十条》。

笔者非常理解家属的心情。但法律有程序、办案有时间，如同做菜一样，火候没到，怎么可能会好呢？有时候，欲速则不达，求快反坏事。

另外，笔者既不希望家属去迷信“关系”，也不希望家属迷信律师。迷信“关系”的害处自不多说，迷信律师的想法也要不得。有些案件如同绝症，请律师也真的只是尽人事听天命而已，对律师期望过高，最终会失望至极。说到底，不仅是刑事案件，在其他的诉讼案件当中请律师，不过是增加自己这一方的胜算而已，并不代表就一定胜券在握。

误区十一：花钱请了律师，律师就得听我的，天天催促律师。

一般来讲，律师手上都同时在办不止一个案件，由于刑事案件的办理本身非常讲究程序和时间，家属天天催促，不能达到任何效果，甚至连心理安慰的作用也不会有，也极易干扰律师正常办案，打乱律师的思路。最后受害的，只能是家属身在看守所的亲人。

因此，笔者在此建议家属，在聘请律师后，请不要也不必天天催促律师，如果你请到一位专业、负责的律师，他自然会定期主动向你通报案件进展和情况；如果你请到一位忙碌的律师，他没办法做到时时主动向你通报案件进展和情况，建议你可以定期询问，如一周一次。这样，既不会干扰律师办案，又能保证家属的知情权，最终也有利于案件办理。毕竟，律师和家属的目标都是一致的，都是为了寻求案件的最优结果。相互配合和理解，不是很好吗？

决定律师收费的九大因素

律师是怎样收费的？律师收费是由哪些因素决定的？为什么同样一个案件，不同律所和不同律师收费如此悬殊，很少有一口价或者统一价？写下此文，只为当事人遇到法律问题需要聘请律师时，少遇一些坑，少踩一些雷，少受一些骗。当事人除了应关注律师费这一“价格”，更应当关注律师本身的“价值”。只有价值才能创造价值、解决问题。更希望当事人遇到法律问题时，能找到最合适的律师，以合适的价格获取最大的价值。当然，也希望能为同行提供些许参考借鉴价值。

那么，说来说去，决定律师收费的因素到底有哪些？

笔者以为，主要是以下九大因素：

1. 案件难易程度。

案件难度越大，律师需要付出的精力越大，律师费自然越高。

比如，一个普通的民间借贷的案件，有借条，也有转账记录，没过诉讼时效，这样一个案件，证据充分，法律关系清晰，可能任何一个律师来办理，效果都差不多。这一类的案件，可以“货比三家”，可以“比比”律师费。

有些案件，就千万不要“比”律师费了，如刑事案件。笔者作为刑辩律师，见过无数刑事案件的家属，在为自己的家人请律师时，也比照商品买卖，货比三家追求“性价比”，最后什么结果？本来可以取保候审的，没有实现；本来可以缓刑不用坐牢的，结果实刑坐牢。许多当事人和家属到头来还说，哎，请律师果真没用，幸亏当时没花更多冤枉钱。我常跟刑事案件当事人的家属说，要么你们就不请律师，万一运气好办案机关“手下留情”呢？还能省点血汗钱；要么，你们请一个相对较好和专业的律师，钱要用到刀刃上。刑事案件一则难度大、专业化程度要求较高；二则门槛限制较高，家属作为辩护人介入有很多限制，律师作为辩护人则可以第一时间介入；三则刑事案件的特殊性在于其涉及的是人的自由和生命，这是人最宝贵的两样东西，哪里可以如商品那般进行“比价”？这也是刑辩律师不同于其他专业领域律师的特殊之处。换言之，刑事案件不是生意，刑辩律师从事的是救人的事业，当事人和家属不能沿用做生意、做买卖那一套规则去找律师。

2. 当事人需要律师服务的内容和要求。

比如，如果一个当事人需要律师提供全天候、24小时服务，另一个只需要律师每天为他服务一个小时就够了，二者支付的律师费肯定有天壤之别。再如，如果同一个案件，一种只需要律师提供法律咨询或者草拟一下法律文书，另一种需要律师全程跟进、全权委托，毫无疑问，后一种情况律师费肯定高。

总有些当事人会在意请律师是不是“费用太高”，那要看具体当事人的情况和需求。有的案件，可能一纸法律文书的代书就足够了。比如，不涉及财产分割和抚养权因素、只单纯为了离婚的案件，如果当事人手头不是很宽绰，自己又有时间和精力，完全没必要花大价钱请律师全权处理。完全可以请律师代书一份民事起诉状，然后请律师对诉讼的流程指点一二，花费较少的代书费和咨询费，自己到法院起诉即可，也能够事半功倍。

3. 交通远近因素。

比如，当事人住在一座城市的中心城区，但他的法律事务需要到外地去处理，或者到城市的远郊。这时候如果也在中心城区或者本地请律师，律师会考虑到来回路途上需要的时间较多，他可能这个时间段就不能同时处理其他事务，当然律师费会相对高一些。因此，对于我们前面讲的简单的案件，可以就近请律师，这样成本相对较低。

4. 律师的资深程度和知名度。

一般而言，律师越资深和知名度越高，收费越高。

这一点比较好理解，如果请一位律所的主任，或者请一位知名律师，那费用肯定不菲。如果律师费很便宜，先不要暗喜，可能他不会亲自办理案件，而是交给下面的新人或是年轻律师。这一点当事人要结合自身情况和需求，决定聘请什么样的律师。

5.律师的专业化程度和水平。

一般而言，专门从事某一领域和某一行业的律师，比“万金油”律师收费要高，因为这一类律师能为客户提供更优质和周全的服务。

人的精力、认知是有限的，所谓“样样通、样样松”。在各种法律法规越来越浩繁、法律部门划分得越来越精细、法律规定更新得越来越迅速的时代，一个律师怎么能说他什么都懂，什么业务都能做呢!

但什么法律领域都涉及的律师可能价格上的确很有优势。什么案件请什么法律领域都涉及的律师就足够了呢？那些证据充足、法律关系简单、标的不大的案件，或者其他对当事人的切身影响不大的案件，如一些简单的人身损害类案件、交通事故类案件、劳动争议类案件，或者我上面举的案件。对于刑事案件这一类涉及身家性命和自由的案件，请慎重选择律师。

6.案件标的额大小。

一般而言，案件标的额越大，律师费越高。

即便其他条件一样，法律关系简单明了，一个标的一千万元的案件，一般比标的十万元的案件要收取的律师费高。原因无他，标的更大对律师而言，压力更大，责任更重。

7.所在律所因素。

相对而言，拥有比较大的平台的律所和知名律所的租金、人力、税收等各方面成本较高，拥有一定的品牌溢价，因此这两类律所律师收费通常不低。

8.律师所在的城市。

通常而言，经济越发达的城市律师的收费水平，要高于其他城市。经济越发达的大城市消费水平越高、消费能力越强。特别是对于第三产业，这种高度依赖个人尤其依赖高素质的个人的产业，无法如第一和第二产业通过规模化、机器生产降低成本从而降低费用。因此第三产业的消费价格在大城市通常会高于其他中小城市，而律师行业本身也属于第三产业。

当然，费用高代表能提供的法律服务和专业技术水平也不会太差和太低。大概率来讲，有能力、有本事的律师，还是在大城市。一则大城市经济活动活跃，案件类型多种多样，他们见多识广，经验相对丰富；二则大城市的法律服务市场竞争激烈，为了争夺客户和市场，他们都努力为客户提供最优质和最专业的法律服务。

笔者也不是贬低中小城市的律师，也毫不怀疑在其他中小城市同样存在厉害的律师，不过就绝对数量和概率来讲，要比大城市少一些。当事人需要请律师的，可参考自身的法律服务需求、法律事务大小和自身付费能力去聘请。

9.最后，不管律所大和小，也不管其他因素，律师们和律所都会有一个最低收费标准，低于这个收费标准他们不会接案，因为律师们也要生存。

记住，任何一家律所和任何一个律师，都有底线。不管是提供法律服务的底线也好，或者办事的底线也好，还是价格底线也好，都不要企图让他们违背底线。反过来，一个连底线都能轻易违背的律师，还有什么是不敢违背的呢？

刑辩律师的“三个会和一个风格”

作为刑辩律师，作为一名专业人士，我认为，我们应当要做到“三个会和一个风格”，让自己变得更好和更强大。

一、会办案

我把会办案放在刑辩律师“三个会和一个风格”的首位。刑事辩护是个良心活，一个刑事案件不仅关系一个人的身家性命与自由、财产与安全，还关系到一个家庭的团圆与完整，这就要求我们在办案的时候，时刻不得麻木，不得大意。跟别的案件不同，刑事案件容不得半点差错，因为刑事案件的后果无法挽回与补救。一旦办案失误，代价太大。所以我们每办一个刑事案件，都要紧绷思想上的那根弦。

刑事辩护又是个技术活，谨慎办案、严格办案是前提和基本要求。但是要把案件办好，为自己的当事人争取到最大化的合法权益，还必须深入研究法律法规和司法实践，必须深入细致地研究案件和考虑到方方面面，必须常常反思、常常总结，必须不断精进、持续进取。换言之，刑辩律师就应当强迫自己成为完美主义者。

毕竟，我们不能承诺和保证一个刑事案件的结果。但是，律师只有拥有良心加技术，一个刑事案件才可能办得令人满意、才可能取得一个相对好的结果。我们说过程的完美化必然达到结果的最优化。唯有如此，这样人们在评价一名刑辩律师的时候才会说他是个好律师，是个专业的律师。

二、会分享

一名优秀的刑辩律师，一定是会分享、常常分享的律师。他会分享他成功的办案经验、失败的办案教训、独特的办案技能、自己的心得体会、观点与看法等。

分享的好处多多。

第一，分享本身是一种经验总结。

会分享本身是跟会办案相辅相成的，一个不会分享的律师不是一个会办案的律师。前文说过，刑事辩护是个技术活，需要时常反思和总结，怎么总结？分享就是个好途径。在分享的时候，特别是刑辩律师在跟同行分享的时候，这就是一次总结，一次系统化地梳理，一次经验教训的回顾。毕竟，分享是需要内容的。分享的过程，还常会有同行之间的互动交流，对实际办案总能带来相应的触动。知识一旦封闭，就会落后和陈旧。如果“深藏胸中、秘不示人”，长此以往，非但不会练就什么“独门绝技”，反倒会拉大与他人的差距。

第二，分享本身是一种技能提升、成长的方法。

不知道大家发现没有，当我们在写文章的时候，在讲话的时候，常常会有灵光一闪的瞬间。这些灵光一闪的瞬间常常会产生金句、哲理以及顿悟。许多我们平时没有想通的，常常在这一瞬间不由自主地就想通了。

这是什么缘故呢？

这是因为我们不管是采取写文章分享还是公开讲课或者其他方式分享的时候，你的大脑一定是在运转、在思考的。思考就会产生思想。世界上所有伟大的思想，无一不历经思考的过程。

再加上分享的过程中常常有互动交流，思想一旦碰撞，那又会产生更大更多的火花。

第三，分享本身是一种有效的营销方式、开拓业务的渠道。

无可否认，不管是写文章还是讲课或者其他形式的分享，都被证明是一项行之有效的营销方式和开拓业务的渠道。我之前讲过，律师是三分之一的销售人员、三分之一的专业人员和三分之一的服务人员。当你在分享的时候，如果面对的是陌生人，那大家一下就知道你是一名律师，这个时候就可能会直接产生业务机会；如果面对的是同行，里面就会有很多不从事刑事业务而是从事其他方面业务的同行，那么你可能会获得合作的机会，获得推荐的机会。

而且，这样的营销方式相对体面，相对更符合我们作为专业人士的形象。根据我的经验，通过这样的途径来找律师的当事人，人家打心眼里更尊重和认可律师。

第四，分享本身是一种社交、交友的有效途径。

每一名律师都不容易，都很辛苦，作为刑辩律师更是如此，关键是外界难以理解我们的苦。对于普通人而言，我们一生都在寻找自己的同路人。做刑辩其实是一件很孤独的事，所以刑辩律师也总是在寻找自己的同路人，以抱团取暖、共抵艰难。

《诗经》上说："嘤其鸣矣，求其友声。"

分享是一种自带社交属性的活动，这样的活动能让别人更深刻地认识你，也能在这样的活动中寻找到志同道合的人。那些愿意聆听你分享的人，说明他对你分享的内容有兴趣，说明他很可能也是这样的人。如同伯牙与子期，高山流水遇知音。

所以我说，通过分享结交下的友谊，更纯粹，彼此也更契合。这样结交下的友谊满是欣赏之光。

第五，分享本身是一件快乐的事。

你有没有感觉到，当你兴致勃勃地在说一件事的时候，当你宣布一个还没有被广为人知的消息的时候，你其实很快乐。人是社会性动物，既是社会性动物，总需要得到一些社会的赞许，这种赞许令人愉悦。这种赞许有很多种，获得物质回报是、获得精神嘉许是、获得荣誉奖励是，获得众人艳羡与感谢都属于赞许。不管是小孩子还是成年人，有这种赞许都会令他们感到快乐。

因此，当你在分享的时候，你一定会收获我上面讲的那些赞许，你一定会感到快乐。

三、会玩儿

刑辩律师除了要会办案和会分享之外，还要多多培养积极、正向的兴趣爱好。因为前文说过，刑辩律师老是需要紧绷一根弦，拿我来讲，当我接下一桩刑事案件，不夸张地说，我做梦都在想这个案件，无时无刻不在思考如何将这个案件办好。但是如果长此以往绷紧一根弦，容易断掉，就会坏事。君不见律师界多少英年早逝的同人，令人惋惜。

所谓文武之道，一张一弛。

因此，除了正常的工作之外，我们要培养并实践自己积极的、正向的兴趣爱好。这样既可以陶冶性情，又可以释放压力保持良好的状态，还可以让自己的人生更加立体和丰富。

律师工作是个极度费脑的行业，我们常常在工作之余便懒得动脑，很多律师往往在一天辛苦工作之后回家就来一个“葛优躺”。这样对我们的身体和精神都相当不好。

我看到很多律师在工作之余就很“会玩儿”，如跑步、跳伞、写作、阅读、长途徒步、旅行、打拳击、唱歌等。这样张弛有度，律师也会更健康和富有魅力。

会玩儿还有个好处就是让人生多点乐趣。毕竟人生漫漫，做律师的日子，长着呢。

四、风格

大家注意观察的话，每一名优秀的刑辩律师都有自己独特的风格，风格背后对应的是自己的“绝活”。

比如，有的刑辩律师擅长程序辩护，有的刑辩律师擅长类罪辩护，有的刑辩律师则特别擅长某一行业内的犯罪的辩护，还有的擅长代理被害人等。

再如，有的刑辩律师擅长写作，有的口才好善演说，有的擅长倾听总结等。

有“绝活”的刑辩律师，往往能够形成自己独特的风格。这样在日趋激烈的法律服务市场才能拥有鲜明的差异化竞争优势，才会显著提高自己的“识别度”。我相信，这样的刑辩律师，无论是在办案还是在分享过程中，都更容易获得想要的东西。

总之，作为刑辩律师，我们都应当要做到“三个会和一个风格”，牢记自己作为刑辩律师的身份、立场、责任和使命。让我们都能成为一名好律师、一名受人尊重和敬仰的专业律师。

有效辩护及其标志

中国的无罪判决率在万分之几，看起来概率虽然很低，但办案机关作出无罪处理的并不在少数，毕竟，无罪判决是法院作出的，而根据中国《刑事诉讼法》的规定，一个刑事案件一般要经过公安侦查阶段、检察院审查起诉阶段、法院审判阶段三个阶段。除了法院，公安、检察院，都可以对一个案件作出“终结性”的处理，很多无罪处理就是由公安、检察院作出。换句话说，指望法院作出无罪判决，那是最后的希望。

下面，笔者将结合自身实践，具体谈谈有效辩护及其标志。笔者以为，无罪辩护当然是辩护律师的首选，但是无罪辩护难度较高，在目前的实践条件下不可能每一宗案件都实现无罪辩护的目标。事实上，大多数刑事案件的当事人，都是有罪的。另外，如果案件出现其他几种结果或者情形，我们也可以说，律师的辩护是有效的。当然，正如无罪辩护成功的是少数，有效辩护能成功的其实也是少数。对律师而言，都不容易，除了需要专业和努力，往往还需要一点运气。

详情请看下文。

一、无罪辩护成功的标志

1.公安机关撤案。

根据《刑事诉讼法》第一百六十三条的规定：**在侦查过程中，发现不应对犯罪嫌疑人追究刑事责任的，应当撤销案件；犯罪嫌疑人已被逮捕的，应当立即释放，发给释放证明，并且通知原批准逮捕的人民检察院。**

什么叫不应对犯罪嫌疑人追究刑事责任呢？

根据《刑事诉讼法》第十六条的规定：**有下列情形之一的，不追究刑事责任，已经追究的，应当撤销案件，或者不起诉，或者终止审理，或者宣告无罪：**

（一）情节显著轻微、危害不大，不认为是犯罪的；

（二）犯罪已过追诉时效期限的；

（三）经特赦令免除刑罚的；

（四）依照刑法告诉才处理的犯罪，没有告诉或者撤回告诉的；

（五）犯罪嫌疑人、被告人死亡的；

（六）其他法律规定免予追究刑事责任的。

同时，根据《刑法》《公安机关办理刑事案件程序规定》等规定，不可抗力和意外事件、未达到刑事责任年龄、不能辨认或者不能控制自己行为的精神病人、正当防卫和紧急避险、没有犯罪事实的、有犯罪事实需要追究刑事责任但不是被立案侦查的犯罪嫌疑人实施的、共同犯罪案件中部分犯罪嫌疑人不够刑事处罚的等情形，也符合不追究刑事责任的情形，也应当撤销案件（或者对有关犯罪嫌疑人终止侦查）。

当然，实事求是地说，律师办理刑事案件，特别是进行无罪辩护，能在公安侦查阶段，使公安机关撤案的，难度不是一般地高。

2.检察院不起诉。

前文讲过，一个刑事案件有三个阶段，检察院起着承上启下的作用。加之检察院属于法律规定的法律监督机关，从实践情况来看，检察院不起诉的案例要大大多于法院的无罪判决数量。如果不起诉，案件一般到此“终结”，不会被移送法院提起公诉，当事人也不会留下犯罪记录。因此，检察院不起诉算是我国无罪处理相对较多、难度相对不那么大的一种情形。

那么，什么叫不起诉，哪些情形下，检察院可能不起诉呢？

根据《刑事诉讼法》第一百七十五条第四款的规定：对于二次补充侦查的案件，人民检察院仍然认为证据不足，不符合起诉条件的，应当作出不起诉的决定。（证据不足的不起诉）

根据《刑事诉讼法》第一百七十七条第一款和第二款的规定：犯罪嫌疑人没有犯罪事实，或者有本法第十六条规定的情形之一的，人民检察院应当作出不起诉决定。（法定不起诉）

对于犯罪情节轻微，依照刑法规定不需要判处刑罚或者免除刑罚的，人民检察院可以作出不起诉决定。（相对不起诉）

以及**该法第一百八十二条第一款　犯罪嫌疑人自愿如实供述涉嫌犯罪的事实，有重大立功或者案件涉及国家重大利益的，经最高人民检察院核准，公安机关可以撤销案件，人民检察院可以作出不起诉决定，也可以对涉嫌数罪中的一项或者多项不起诉。**（特殊不起诉）

3.法院无罪判决

这种情况就比较少见了，属于难度极高的无罪处理。

二、准无罪辩护成功的标志

1.取保候审。

值得一提的是，取保候审只适用于未决犯，即没有被生效的刑事判决确定为罪犯的犯罪嫌疑人、被告人。

取保候审的“黄金期”一般发生在刑事案件办理的前期。案件的当事人一旦被取保候审，后续从轻、减轻处罚的可能性将大大增加。因为取保候审后，人在外面，对办案机关而言没有压力。而在判决前如果人被羁押在看守所，按照法律规定，都是需要被计算折抵刑期的。

当然，也有极少数案件当事人被取保候审后，案件不了了之的。

2. 缓刑。

非实刑，不用坐牢。在现阶段的实践中，有些案件确实存在争议或者问题，但由于涉及的人和事太多太复杂，最后的结果可能往往是妥协式的，只好定个缓刑，让各方都有台阶下。

3. 实报实销。

即判决前羁押了多久、就判多久的刑期予以追认。一般判决没多久人就会从看守所出来了。原因既有可能跟上面第2种情况类似，也可能是案件办到最后，办案机关发现有问题，但这时候人可能已经在看守所被羁押了许久，判完就把人放出来了。

4. 判决免除处罚。

即“定罪免处”，在刑事判决书中常表述为，“被告人犯某某罪，免除处罚”。免除处罚也不需要服刑，但会有犯罪记录。

根据《刑法》规定，常见的如又聋又哑的人或者盲人犯罪可以从轻、减轻或者免除处罚。对于从犯，应当从轻、减轻处罚或者免除处罚。对于被胁迫参加犯罪的，应当按照他的犯罪情节减轻处罚或者免除处罚。又如正当防卫及紧急避险中明显超过必要限度造成重大损害或不应有的损害的，应当负刑事责任，但应当减轻或者免除处罚。又如对于预备犯可以比照既遂犯从轻、减轻处罚或者免除处罚。又如对于中止犯，没有造成损害的，应当免除处罚。又如对于犯罪情节轻微不需要判处刑罚的，可以免予刑事处罚。又如，对于自首的犯罪分子，可以从轻或者减轻处罚。其中，犯罪较轻的，可以免除处罚。又如，有重大立功表现的，可以减轻或者免除处罚。又如，凡在中华人民共和国领域外犯罪，依照本法应当负刑事责任的，虽然经过外国审判，仍然可以依照本法追究，但是在外国已经受过刑事处罚的，可以免除或者减轻处罚。

对于具体的犯罪，如行贿罪，行贿人在被追诉前主动交代行贿行为的，可以从轻或者减轻处罚。其中，犯罪较轻的，对侦破重大案件起关键作用的，或者有重大立功表现的，可以减轻或者免除处罚。比如，介绍贿赂罪，介绍贿赂人在被追诉前主动交代介绍贿赂行为的，可以减轻处罚或者免除处罚。又如，非法种植毒品原植物罪，非法种植罂粟或者其他毒品原植物，在收获前自动铲除的，可以免除处罚。又如，对非国家工作人员行贿罪，对外国公职人员、国际公共组织官员行贿罪，贪污罪这几个罪名中也规定了可以免除处罚的情形。

三、其他有效辩护的标志

1.“重罪”变“轻罪”。

比如，检察院指控被告人犯集资诈骗罪，经过律师辩护，最后法院未认定检察院的指控，而认定被告人犯非法吸收公众存款罪。集资诈骗罪最高刑期为无期徒刑，从各个方面来看都要显著重于非法吸收公众存款罪。很明显，这就是“重罪”变轻罪。

2.“多罪”变“少罪”。

常见的如涉黑涉恶案件，此类案件指控罪名一般都不止一个。如果能减少罪名，对被告人的量刑一般会比较有利。

3.案件性质被改变。

一如上述，涉黑涉恶类案件办理的难度不同于一般案件，如果一旦改变其涉黑涉恶的性质，对案件从轻减轻处理往往相对有利。

4.按照起刑点定罪处罚或者减档处刑。

《刑法》的分则篇，对四百多个罪名都规定了具体的处罚措施，特别是许多罪名都会根据犯罪的严重程度划定几档刑期。比较常见的如侵犯财产类犯罪多表述为“数额较大的，处三年以下有期徒刑；数额巨大或有其他严重情节的，处三年以上十年以下有期徒刑；数额特别巨大或者有其他特别严重情节的，处十年以上有期徒刑或无期徒刑。根据不同的犯罪数额和情节，会面临不同档位的定罪处刑。

另外，虽然刑法规定了起刑点，但检察院在确定量刑建议、法院在定罪处刑的时候，很少按照起刑点确定。比如常见的抢劫罪，起刑点即为三年以上，如无其他从轻减轻情节，往往实际确定刑期的时候，会高于三年，比如三年几个月或者四年，很少只定三年。

因此，我们可以说，如果经过律师的辩护，使被告人最终的定罪处刑是按照起刑点判处的，或者说按照规定可能判处较高档位的刑罚，但最后判处较低档位的刑罚（如本该判处十年以上有期徒刑的，经过辩护，判处五年有期徒刑），我们就可以说辩护是有效的。

5. 法院判决的刑期低于检察院的量刑建议。

如今检察院提起公诉的案件，基本上都会有对被告人涉嫌犯罪指控的罪名和量刑建议，从司法实践来看，法院对检察院指控的罪名和量刑建议采纳率较高，特别是被告人认罪认罚的。如果经过律师辩护，最终法院没有完全采纳检察院的量刑建议，如检察院量刑建议为有期徒刑八年，最后法院虽然判定被告人构成检察院指控的犯罪，但认为量刑建议不合理，只判处其有期徒刑六年。毫无疑问，被告人获得了从轻处理，这样的辩护就是有效的。

6. 缓刑。

除了一些确实有争议和问题的案件，其他确实构成犯罪的案件，如果经过律师辩护，取得缓刑的结果，也属于非常好的有效辩护。

7. 实报实销。

除了一些有争议和问题的案件，其他确实构成犯罪的案件，如果前期没有能够取保候审成功，鉴于当事人已经羁押在看守所许多时日，而且这些时日是折抵刑期的，为了当事人能早日恢复自由、早日走出高墙，经过律师的辩护，判决确定的刑期刚好高于已经羁押的时日，基本上案件一旦终结，当事人就可以走出看守所了。这种情况，我们也可以说，辩护是有效的。

律师如何通过写作扩大影响力和知名度

律师写文章是个老生常谈的话题。恐怕没有哪位律师同行会反对通过写文章来扩大自己的影响力和知名度，从而打造和维护品牌，带来潜在案源。下面，就这个话题我从五个方面谈谈自己的看法。

一、我们为什么要写作

这可能是我们做一件事首先要考虑的问题。

我们为什么要写作？

律师是天然的作家，难道不应该会说会写吗？

说到底，还是因为写作确确实实有好处。这种好处又可以从两个方面去谈。

一个是功利的角度，另一个是非功利的角度。

从功利的角度来讲，写作确实能够帮律师扩大影响力和知名度，从而带来一定的案源。从我的亲身经历来看就是如此。

这无论是对律师也好，对当事人和家属也罢，都是利好。当事人和家属找律师很多时候不知道律师的专业水平、为人如何，很容易盲目找到一个律师，甚至最后没有找对律师而导致坏事，所以我常觉得很可惜（作为刑辩律师，我见过无数当事人和家属找错了律师最后后悔不及、捶胸痛惜的案例）。特别是刑事案件找律师，一旦找错，过程和后果都是不可逆的。这个时候如果他们看到专业律师的一篇或者多篇专业文章，那么他们找错律师的概率将大大减小，因为一般来讲，会写的律师，专业水平不会太差，毕竟这是律师的基本功。对律师来讲，如果自信确实为人靠谱、专业过硬或者文字功底深厚，那就通过写文章这种方式去展示自己。文品即人品。这样做不仅能够扩大自己的知名度和品牌影响力，还能增加美誉度，还是一种体面、能上台面的营销，还能带来一定的案源。况且，相对于其他开拓方式或营销，写文章只需要花费时间成本而无其他成本，何乐而不为呢？

从非功利的角度来讲，写作是一种总结和记录，是一种能力的锤炼和提升，是思考和思想的深度升华。写一点东西容易，要写一篇好文章不容易。写一篇好文章需要耗费大量的时间和精力，但同时这也是思考的过程，在日积月累中，你的思考将会越来越深入而全面，反过来有利于你办案水平的提高和办案思路的完善。在若干年以后，当你回首自己的人生时，当你重新打开自己写下的这些文章、文字，这些内容仍将继续感动着你，文章里有你不同时期的身影，那里面满是光和热、回忆与故事以及灵光一闪的结晶。想想都是一件美好的事。

二、关于写作平台的选择

除开传统媒体（包括纸媒、电视广播等），网络平台上的写作其实是最便利的，也是如今应用最广泛的，因为限制少、要求不多、准入门槛也没那么高。

下面我结合自身经验具体谈谈在各个网络平台写作的特点。

自媒体时代，几乎绕不过去微信公众号和朋友圈这两样。可以说，在如今这个时代，很少有人不看或者不知道或者不用微信公众号和微信朋友圈。

但是说实话，微信公众号的红利期早已过去，如今是“千帆竞逐、万马奔腾”，个人微信公众号遍地开花，对于缺乏知名度的律师而言，想再去开一个新的微信公众号来扩大写作知名度和影响力，火的可能性微乎其微。

另外，微信公众号和朋友圈还有这么一些问题：相对封闭，需要依靠自己主动去吸粉和推广，否则缺乏流量，如果没有流量，关注度就很低。就微信公众号而言，无论是排版还是美工，都耗时耗力，对个人来讲，投入时间成本过高，相对来说比较适合机构和团体。

因此，我不建议律师个人再去写微信公众号，可能将得不偿失。如果一定想在微信公众号上发文，建议选取已经成熟的、有一定名气的公众号进行投稿。另外，微信朋友圈倒是可以写一写，优点在于便利。

知乎

知乎是一个问答和知识分享类的社区、论坛。

这是目前我个人使用得比较多的一个平台。说实在话，受益良多，知乎不仅仅给我带来了一些案源，而且让我认识了好些“知乎大神”，学到了很多知识，视野和认知都有所提升。

知乎的好处就是如果文章或者回答是高质量的，平台会主动帮你推广，主动帮你精准引流。比如，我是刑辩律师，在知乎上经常会有一些陌生的当事人和家属向我咨询刑事案件的一些问题。这样对用户和咨询者无疑都是双向利好。

还有就是，当你的知乎等级达到一定级别，就可以开通付费咨询栏目，用知识赚钱，我看到好些知乎用户的付费咨询都“收获”不少。

当然，在知乎上写作要想获得认可，归根结底还是一条：内容为王。好的产出才能带来好的反馈和收获。

今日头条

今日头条是一款推送新闻和资讯的平台。这也是我目前写作使用的主要平台之一。

在今日头条上写作主要有两点好处：一是今日头条推送的

文章不看等级和粉丝量，也不区分作者（如是否为大V或者权威媒体），只要你写的作品质量高、内容好，今日头条就会大量替你免费推广。二是有部分广告收入。作者在今日头条上写文章时，当达到一定要求后，可以选择投放广告，这样，当写出一篇好文章时，不仅作者的品牌知名度和影响力扩大了，还能有一部分广告收入，也算是意外之喜了。

其他平台：微博、博客、百家号、网易号、简书

微博的流量和关注度在所有互联网平台里面应该是最大的，这主要是指新浪微博。不过如今的微博越来越商业化，甚至出现花钱买推广、花钱买粉丝、花钱买热搜的现象以及越来越娱乐化，盛况不如之前。就我个人经验来讲，我也一直坚持更新微博，但无论是粉丝量还是阅读量都没有什么起色，其他方面就更谈不上了。所以对这一块不太重视，缺乏经验。但鉴于微博的巨大流量，建议有兴趣的朋友也可以试试。

至于其他几家，分属不同的平台，各有特色，诸位也都可以大胆去尝试、探索。

讲完这么多平台，其实常用的平台也就一两个，平台选多了也顾不过来，最重要的是适合自己。有人通过微博获得巨大的名声和流量、成功崛起；有人通过今日头条的写作获得不少案源和资源；还有的人通过知乎成为“大神”，引发无限膜拜。总而言之，写作这种事，关于平台的选择，没有绝对的好坏，如同一个螺丝一个扣，要看你自己合适与否。

三、写给谁看

文章写出来，总是要给人看的。写给谁看决定了我们写作的内容和风格，也决定了受欢迎程度和受众范围。

具体关于律师写作的目标人群我觉得可以分为四类：当事人和家属、同行、焦点客户、自己。

写给当事人和家属看的文章，通俗性和普法性的优先度要高于一切。同时要照顾到他们的情绪，体谅他们的心情，要能给他们带来实实在在的帮助，这一类文章不要过于专业，也不要大段大段引用法条，可直接给出具体的意见和结论。

写给同行看的文章则完全与此相反。很多时候同行会与同行合作，那么律师在写这一类文章的时候就要充分展示自己的专长，如办理的成功案例、对某一方面的法律实务问题的研究与见解等，这种文章就可以大段引用法条，突出深度、突出广度、凸显力度。

写给焦点客户看的文章则要结合其他行业的知识。比如，如果律师想写刑事合规方面的文章，那么就需要具备和结合一些行业方面的知识、管理方面的知识，而不单单只是法律方面的知识。

写给自己看的文章。这一类文章或者叫文字，重在总结和记录以及抒发感想，真诚真实就好，要做到不自欺。这样的书写让我们更接近真我，让我们能轻装上阵、鼓励和鞭策自己前行，另外在客观上也能够让别人更加立体地认识自己。

有些律师以为自己缺乏写作经验或者笔力不逮，或者不知道写些什么。其实，写作和做事一样，都要发挥所长。真要写起来，不必限定范围和目标，擅长写什么，写就是了。重要的是迈出第一步。

四、写作的原则与禁忌

写作的方法千差万别，风格各有不同，好文章也没有定律可以遵循。写作的底线也是如此，关于写作的原则与禁忌我总结为：一以贯之、两手并用、三真原则、四条禁忌。

什么叫一以贯之？就是说要坚持，要定期更新，不能“其兴也勃焉，其亡也忽焉”，不能虎头蛇尾，不能三天打鱼两天晒网。非如此，不能够带来精神上和物质上的收获。比如，我的习惯是每周至少有一篇不少于两千字的原创文章，然后零星写一写片段式的随笔。脑子越用越活，文章越写越好。

什么叫两手并用？就是说我们律师在写作的时候，要突出专业，但是不要仅仅限于专业。对于日常生活的记录，对办案的感悟，对工作的点滴，对社会的感悟，都可以适当进行书写，这样显得我们不是法律的机器，不是冷冰冰的工具，而是有温度有情怀的法律人。

什么叫三真原则？即认真、真诚、真实。第一要认真，文品即人品，要么不写，要么就好好写。千万别想着糊弄读者，东西好不好，人家一眼就看出来了。写文章要给别人带去收获。鲁迅先生曾经在一篇文章中说文章写好后起码要看三遍，要认真检查。我的一篇文章写好后，起码会看五遍以上，看有无错别字，结构有无问题，有无明显语病等。第二是真诚，文章真诚最感人。我们写文章，不要显得自己高高在上、充满光环，不要卖弄，要平等、平和地写作，姿态放低，要把读者当朋友。最后是真实，即真情实感，不要弄虚作假、故弄玄虚。律师写作，有功利性的一面，但也不应当完全为了追名逐利而矫揉造作，或者故意胡编乱造、吸引眼球。最好是写自己的亲办案例，写出血肉，写出细节，写出具体思路，如此，方见功力。

什么叫四条禁忌？即忌太短、忌大空、忌吹嘘、忌无病呻吟。

首先是文章太短了不好，短了没有深度，难见温度，缺乏力度和广度。所以凡是要写一篇文章，我认为字数不得少于两千字，少了不能称为文章，顶多叫随笔。当然这不是逼着自己写废话，而是要多想想、再想想、细想想，思路能不能更完善？结论经不经得起推敲？分析有无问题、能不能再深入一些？等等。

其次是如果一篇文章又大又空则是没有内容，不足一观。比如，我看有一些律师的写作很简单，就是“三段论”或者

“两段论”——作者介绍后面是案情简介，然后辩护成功。没有任何细节和过程，这样的写作没有任何意义，也谈不上是写作。

再次是忌吹嘘。一个人越吹嘘什么，说明他越缺乏什么。这是不变的真理。所以我们写文章，还是老老实实地，谦虚一点，没有人喜欢看那种漫天吹嘘的文字。

最后是忌无病呻吟。所谓无病呻吟，比较常见的表现有：乱发牢骚、满篇脏话、举止浮夸等。写文章要弘扬正气、传播正能量，不要显得乌烟瘴气。

五、一些写作的技巧与方法

写作是一项非常私人的事，每个人的写作都深深打上了自己的烙印，风格各不一样，没有固定格式，所谓文无第一。因此在这里，我结合自身经验和互联网写作的一些共通性的特点，只是简要地谈一谈。

开头或者题目可以多以为什么、如何、怎么样、怎么办等疑问句式开始。这样方便别人找到相应的文章，有利于传播。

内容要根据具体写作的对象进行结构调整，要讲好故事。没有人不喜欢听故事，即便是一篇专业文章，如果有故事进行包裹，那么传播范围也会更广，受众会更多。

结尾则可以适当拔高一下，不要文章写完显得律师的格局太低或者太市侩，要凸显我们作为法律人的情怀。毕竟，律师并不是商人。

最后，虽有嘉肴，弗食，不知其旨也；虽有至道，弗学，不知其善也。律师朋友们，勇敢地、积极地拿起你的笔来，写作吧。

刑事案件如何找对律师

作为一名刑辩律师，在许多刑事案件中，我常常看到家属和当事人请错了律师。所谓请错了律师，主要是指请了不靠谱和不专业的律师。说实话，普通人可能一辈子难得遇到一次官司，更何况是刑事官司。既然难得遇到，就很难会留意并与这方面的专业律师打交道。如同一个普通人很难会在平时去了解和关注国内有哪些心脏病方面的专家医生。因此，刑事案件请错律师的概率很高，但这还不是最严重的。最严重的是刑事案件不同于其他民商事案件，其他民商事案件不管输赢，也就是多点少点利益的问题，刑事案件一旦出现失误，一个无罪的人可能变成有罪；一个有罪的人可能被处理过重；一个明明可以早点从高墙大院中出来的人却一直处于失去自由的状态，甚至，一个不该判死刑的人，可能被错杀、枉杀。有句话说，律师没有一个案件的决定权，却拥有影响别人生死、自由的权力。律师是谋士，是军师，是说客，虽然不一定直接生杀予夺，但往往能很大程度影响决定生杀予夺的“这一只手”。关键在于能不能提出专业的意见、合适的方案以及准确实用的战略战术。

因此，我一直想写一写，当事人和家属遇到刑事案件，如何找对律师。只有找对律师，才会对他们的案子有所帮助。

下面我从几个方面展开讲一讲。

第一，从什么渠道找律师

普通人遇到刑事案件，找律师的渠道无非是通过熟人介绍，包括亲戚朋友在内，或者通过互联网。我分别说一说。

熟人渠道找律师的好处是显而易见的，方便、有一定熟悉信任基础。但是刑事诉讼是一件专业度极高的事，如果这个熟人或者他介绍的律师很热情，人也很好，但他不懂刑事诉讼，也不一定能解决问题。通过熟人途径找律师，我建议当事人和家属一定不要抹不开面子，不要不好意思，不要犹豫，一定要多问问律师的专业范围，多问问律师做哪一类案件多一些，也可以到网上查查这位律师，看看他是不是这一领域的专业律师，他有没有专业的著述和成功案例。

互联网则在如今的世界大行其道，通过互联网找律师的人也越来越多。通过一部手机就可以找到一群律师。信息量大、可选择的律师多，但是也存在泥沙俱下、信息爆炸的问题。在互联网上如何找到相对靠谱、专业的律师呢？首先大家要是看到一个律师的专业领域有很多很多，如又是擅长合同纠纷，又是擅长诉讼仲裁，还擅长公司法务，擅长刑事辩护，或者还有的写的民事商事刑事等都精通，那么这样的律师我劝大家留个心眼，多多考察。其次大家谨慎看待律师简介，律师简介可能普遍看起来“高大上”，好像不是主任，就是高级合伙人，再就是一连串的头衔和职务。可能一些“名头”你听都没听过，不经意间就会觉得这律师好像还挺厉害。但是，要是你碰到一桩刑事案件，你最需要一个什么样的律师？你并不是需要这些看起来显赫的虚名和头衔，而是需要一个能解决你的问题、足够专业能找到案件的点和脉，能像庖丁般熟悉情况和业务的“手艺人”。而且，如今是市场经济时代，很多“名头”也许就是买的，或者是自己人发给自己人的，含金量并不一定高。所以我劝大家不要过于在意这些。最后，在互联网上找律师，除了可以多看看，一些资料也需要交叉互相验证，如这个律师自诩为某领域的专业律师，有没有专业著述，有没有办案手记，有没有相应的法律文书，有没有成功案例等。

第二，什么样的律师既不靠谱也不专业

1. 不分析案情、不谈法律却大谈特谈关系的律师不靠谱

什么叫律师？有人简单概括为法律之师。根据《律师法》的规定，律师“是指依法取得律师执业证书，接受委托或者指定，为当事人提供法律服务的执业人员”。所以说，律师的业

务范围是提供法律服务，一个律师不跟你谈法律，不跟你用法律分析案情，却大谈特谈关系，你何必找律师呢？律师需要受各种各样的条条框框的限制，要找关系，实在没必要通过律师。当一个律师大谈特谈关系的时候，很可能他并非专业人士，而是骗子。

最近网络上爆出一篇裁判文书，显示山东某律师在办理一桩刑事案件的过程中，不断找家属以“找关系活动”等名义收取各种费用达上千万元，最后被法院认定其构成诈骗罪。这不得不令人深思和警醒。

2. 拍胸脯、打包票，轻易许诺的律师不靠谱

古语说：轻诺必寡信。意思是轻易给出的承诺，必定缺乏信用，很难实现。所有的诉讼案件，都要讲事实讲证据，刑事案件尤其如此。所以大众对律师的印象一般都是严谨、谨慎，甚至认为他们很多时候的表态模棱两可。一个刑事案件程序繁多，经办人也不少，要是一个律师对当事人和家属轻易拍胸脯、打包票，请谨慎选择。这样的律师要么是骗子，要么是不懂业务。

3. 只懂简单的法律规定不懂实践操作的律师不靠谱

人们之所以要找律师，并不是不知道法律规定，而是不知道如何运用法律，以及如何运用法律来为自己更好地争取权益。律师的价值并不在于熟悉法律规定，而是懂得和善于利用法律规定帮助当事人争取合法权益，特别是明白具体法律规定在实践中的实施效果，不会生搬硬套地“鹦鹉学舌”、当传声筒。

打个比喻就是，法律规定也许只是“药方”，懂得如何“用药”才是真正经验丰富的专业人士。只会念法律规定的律师无疑没有多大价值，也解决不了多少问题。

4. 按结果收费，实行风险代理的律师不靠谱

几乎每一个刑事案件的家属和当事人在找到律师的时候都希望律师告诉他们一个可以预期或者确定的结果，以及按照结果收费。他们的逻辑很简单，只有如此才能保证律师尽心竭力为自己的案子努力。不然，律师空口无凭，又不承诺结果，白白收了费用，万一被骗了呢？

首先，按照规定，刑事案件律师不能实行风险代理收费，也就是按结果收费。要是有律师这么干，他本身就是在违规。

其次，刑事案件的结果是不可控的，律师介入及有效辩护，只是影响刑事案件结果的因素之一，这一点，我在前文详细讲过。一个刑事案件即便请到了专业的刑辩律师，也只是增加胜算而已，并不代表就能“稳赢躺赢，胜券在握”。因此，可以想见，一个律师要是按照结果收费，根本是不现实的。

最后，刑事案件的结果不是凭空出来的，而是由过程决定的。一个律师如果凭结果收费，却不懂得分析研判案件，不详细研究法律，不提出专业意见，也不持续为案件而努力，就好像医生跟你说，放心吧，你的病找到我就能好，但他却不给你开方子，不跟踪病情，不根据病情调整和确定治疗方案。毫无疑问，这是可笑的。

很多很多的家属碰到刑事案件总是想要律师为他们承诺结果。但最后案件可能并没有如他们想得那样办好。常有一些家属和当事人后来吃了亏才找到我，说："蔡律师，我之前找了个律师，给我按结果收费，我觉得很靠谱，结果后来发现他并没有为我的案子做什么事，既不努力也不争取，也很不专业，看看，现在案子办得好糟糕。我好后悔。"他们这时候又想请我介入案件进行挽救，但是由于刑事案件的不可逆性，我往往如实告知他们自己已无能为力，他们往往垂头丧气而来，垂头丧气而去，令人唏嘘不已。

5.私下收费的律师不靠谱

根据《律师法》的规定，律师私自接受委托、收取费用、接受委托人财物或者其他利益的，属于违法行为，要受到处罚。

一个律师明明跟你签订了合同，合同中明明白白规定了双方的权利义务，包括律师费。他却还以各种名义找你收取合同之外的费用，你想想，相当于这个律师不诚信，不遵守他跟你之间的约定，这样的律师先不论是否专业，人品就很有问题。

我不止一次遇到过当事人和家属反映他们在刚开始找律师时，有律师先是以一个较低的律师费接受委托，然后以各种名义找他们要钱。由于这个时候案件已经在进行当中，解除委托吧，又要让一个律师重新介入和熟悉案情，还可能错失良机；不解除委托吧，又可能不断有各种各样的费用，不给或者想反目吧，又担心自己的案子结果不好。总之是进退维谷，左右为难。

第三，如何判断律师是否专业和靠谱

1.案例为王

美国的一位法官曾说过：法律的生命不在于逻辑，而在于经验。这道出了法律行业，乃至律师行业的真相——法律是一门实践性极强的艺术。一个律师经验越丰富，他的成功案例才可能越多，失败教训也多，那么他办起案件来，才知道如何更好地争取成功，避免失败。因此，判断一个律师是否靠谱与专业，首先是案例多不多，特别是成功案例多不多。比如，这个律师取保候审的案例多不多，不起诉的案例多不多，缓刑的案例多不多，重罪轻判的案例多不多，等等。数量有多少不能光凭一个律师讲，要对他进行相应的“背景调查”。

2.不打包票

不打包票的律师可能是好律师。乱打包票的律师一定不是好律师。在刑事案件中，一个不打包票的律师，才说明他谨慎、严谨，他对待案件可能更认真一些。至少他靠谱的概率更高一些。

3.长于分析、充分共情

如何看出这个律师的专业与价值？就看律师的分析能力，一个案件，普通律师能看到和分析出一二三，专业律师则能分析出一二三四五六，甚至七八九，而且能分析出为什么是一二三四五六，这就是功力。能全面分析，证明他思虑周全，看得多看得远，办起案子来，至少出纰漏的可能性更小，案子办好的可能性更高些。

能充分共情的律师无疑是好律师、靠谱的律师。辩护律师依据法律，应当站在当事人和家属这一边，但有不少律师，却站在办案机关的立场上，不加分析地传达办案机关的意见，甚至替办案机关一个劲儿地让当事人认罪。

一个善于分析又能充分共情的律师，大概率是既靠谱又专业的律师。

4. 真诚敬业，不忽悠不欺骗，不故作高深

一个值得信任的律师，应当拥有很多值得信任的特点，除了专业精深，在做人处事上，还应当真诚敬业。一个满嘴跑火车不着调的律师、一个成天忽悠欺骗当事人的律师和一个喜欢把简单的事搞复杂的律师，无疑不值得托付。

5. 经验丰富但有原则和底线

一个靠谱且专业的律师，除了经验丰富，会灵活办案之外，还一定有自己的原则和底线。该做的都会去做，不该做不能做的，一定不会做。要是你遇到这么一个律师，对你万事都答应、事事好商量，他要么不专业，要么不靠谱。法律本身就有很多禁止性规定，一名经验丰富的律师应当知道哪些是红线以及明白红线是绝对不能触碰的。

最后，衷心希望大家如果不幸遇到了刑事案件，能找对人，办成事。有时候也许不是找律师没用，而是没有找对律师。刑事案件一旦找错了律师，不但没用，反倒可能坏事。

为什么刑事案件靠“关系”一定解决不了问题

作为专门从事刑事辩护的律师，我不想空谈理论，也不想专门说教，只从我最近办理的一起职务侵占案件说起，实实在在地将案件记叙下来，是非曲直让读者们自己去判断。

2019年8月下旬，涉案当事人的父亲通过朋友找到我，说自己的儿子（也就是当事人）被公安机关拘留了，我问他，是不是被刑事拘留了？是涉嫌的什么罪名？刑事拘留通知书呢？多长时间了？当事人的父亲语焉不详，一会儿说是职务侵占，一会儿又说盗窃，警方也没有将相应文书给家属，对案情他们也不是十分了解。见此情形，在办理了委托手续后，我决定亲自到案发地——某大城市某城区的看守所和派出所核实。

第二天一大早我便先赶到看守所，拿着授权手续和律所的公函以及律师证，要求会见当事人。结果看守所经查询后告知我，没有这个当事人。我感到奇怪，便驱车和当事人的家属一起到办案的派出所，找承办警官核实。

到了派出所，我亮明身份后，办案警官问我有什么事。我说我是某某涉嫌职务侵占的律师，想了解这个案子是什么情况，看守所目前未查询到此人。

警官说："不可能的，您既然是律师，就应该知道法律规定，我们这儿没有这个人。"

来来回回几次，警官终于告诉我实情，原来，当事人是被行政拘留了，不是刑事拘留，经过沟通，警官也将相应文书出示给我，上面写的的确是以盗窃为名进行的行政拘留。而法律没有明确规定需要把行政拘留的文书给当事人的家属。

这里也解释一下行政拘留与刑事拘留的区别：行政拘留，只是一种很轻的行政处罚措施，一般是够不上犯罪的标准，只是违反了《治安管理处罚法》，处罚依据也是前者。就是我们常说的"治安案件"，如大家常见的警方扫黄抓卖淫嫖娼的，或者日常扯皮打架的，没有造成轻伤以上后果或者太大的财产损失的，一般如果处罚的话，常见的是行政拘留或者罚款或者二者并处，拘留时间通常为5天、10天、15天，最长不会超过20天，期满被处罚人就一定会被释放，而且不会留有所谓"案底"（犯罪记录），当事人有家属的，一般会通知家属。行政拘留一般都在拘留所执行，而不是看守所，虽然这两个机构一般都在一起，但实际上是两块牌子，两套人马，管理体系也不一样。在行政拘留期间，家属是可以和当事人会面的。行政拘留，当事人对处罚结果不服的，可以提起行政诉讼或者行政复议。

而刑事拘留就大不一样，警方会给到家属一份刑事拘留通知书，上面会写明，某某因涉嫌某某罪，根据《刑事诉讼法》的规定，被刑事拘留，将其羁押在某某看守所。刑事案件，家属就要非常重视了，因为当事人一般都不会被轻易从看守所放出来，即使后续被取保候审，案件也不会轻易了结，如果没有被取保候审，一直处于羁押状态，一关三五个月甚至更长时间，都是常见的。同行政拘留不一样，当事人被刑事拘留，当事人的家属一般是不能和他会面的。刑事案件有着严格的办案程序和办案要求，而且变数也更多。

所以说，决定找律师前，一定要先弄清楚和确定，当事人是不是被刑事拘留了。

再回到本案中，弄清楚了案件情况，我对当事人的父亲说："这个案件有两种情况，一种是行政拘留期限届满，您的儿子就一定会被放出来；另一种有可能目前警方证据不足，刑事拘留尚达不到法律规定的条件，所以他们为了先控制住人，采取的侦查策略。但无论如何，都需要等行政拘留期限届满，再等几天吧。"

等到行政拘留期满，当事人的父亲给我来电，"蔡律师，我儿子被转为刑事拘留了，涉嫌罪名为职务侵占"。

落实了消息，我便准备好材料，去看守所会见当事人。

许多人，包括家属和较少办理刑事案件的律师，都觉得律师在侦查期间内作为较少、作用有限。甚至许多家属出于各种考虑，往往到了法院审判阶段才请律师。

其实恰恰自当事人被刑事拘留之日起，律师第一时间介入，辩护效果能够达到最优，越往后效果呈递减状态。道理很简单，越往后，案件经手的人越多，案件的证据和事实就逐渐固定下来，想改变案件的“定性”，由于牵涉面太广、考虑各方面因素太多，以及司法活动本身的惯性，就很难，辩护效果就会大打折扣。如同生病，对于大病而言，拖得越久，病害愈深、身体愈差，治疗效果肯定不如最初。

在这个案件中，一方面，我每隔十天左右就去会见一次当事人，给其提供法律咨询和通告案件下一步走向以及家事传达，如他需要什么书籍，需要什么衣物等，叮嘱了他相关注意事项，确保当事人的情绪一直很稳定，也让当事人的家属在外面安心。

另一方面，了解了本案的案情后，我觉得本案取保候审的可能性较大，但仍需做大量工作，于是积极撰写取保候审申请书和法律意见书，积极搜集和准备证据材料，同时告诉家属，如果本案能早日拿到被害人的谅解书，对取保候审和案件后续处理有极大好处。

同许多家属一样，本案的家属在找了律师的同时，也希望能够“找关系”，在我第二次去看守所会见时，本案的家属找了据称在当地政法系统有亲戚关系的一位表兄，希望通过一手抓法律，一手“抓关系”从而让这个案件达到最好的效果。

后来，当事人的家属和这位表兄一共到被害人处去了两次，结果都没有谈成，谅解没有成功。

由于情况推进不顺，我对家属说：“这样吧，我亲自和你们去一趟吧，好好和被害人那边谈一谈，争取谈成，谈不成也要搞清楚那边的态度，必须有一个确定的结果。”

就这样，我和家属抵达被害人处（也就是当事人所在的公司）。我们径直进入公司内部办公区找到了总经理并说明来意，但总经理依然含糊其词，但我们态度明确，表示今天必须有一个结果。后来又联系上一位法务副总，人在外地，想让我们过去谈，但考虑到被害人公司这边如果出具谅解书需要在本部盖章的问题以及来回颠簸存在的不确定性因素太多，我直接予以回绝了，并继续阐明了我方立场和本案的利害。

双方就这样互相拉锯了一天，我们也死死盯住了公司以及总经理，防止他们继续互相推诿和逃避，他们考虑一番并协调好意见，终于答应了我们的和解，同时出具了谅解书给我们。

刑事案件如果想为案件当事人申请取保候审并取得成功，主要有两个方面：一个是实体方面，其一是案件本身情况，即案件本身以及涉案当事人的情况是否符合取保候审的条件，这需要深入研究案件情况及搜集相关证据材料；其二如果存在侵害对象，即被害人，能取得被害人谅解，对于案件的后续走向有极大好处。另一个是程序方面，即时间节点问题，根据案件的不同情况，在当事人被刑事拘留之日起14天或37天内，取保候审成功可能性最大，过了这个期限，就很难了。

我又积极和办案机关进行沟通，先后数次提交了取保候审申请书和法律意见书，也提交了很多证据材料，看着沉甸甸的材料，家属也放下心来，办案的民警从刚开始的不太愿意和律师沟通，后来每次去都有人接待并愿意配合及沟通案情。

而那位据称在当地政法系统“有关系”的表兄，先后给我打了很多电话，每次问的问题都是：“蔡律师，案子到哪一步了？”“蔡律师，下一步是什么程序？”“蔡律师，您的法律意见书交了吗？”“蔡律师，有什么消息了吗？”

由于这位表兄是家属的亲戚，我不好直接回绝，但问得多了，也不厌其烦，有一次我回了一句“您这边既然有关系，您也可以利用您的渠道了解一下消息。”

印象最深的一次，是我在向检察院递交了法律意见书后，这位表兄在某天上午给我来电称：“蔡律师，我托关系问了问，这个案子要逮捕啊，当事人不能取保候审啊，这下一步怎么办呢？”

我回答道：“首先，您的关系我不清楚，您的消息来源我也无法核实，其次，刑事案件有着严格的办理程序和规范要求，无论怎样，都是需要下发正式的法律文书的，而且会通知家属，就本案来讲，我觉得我们取保候审的理由非常充分，材料也很扎实，还是等正式的法律文书吧。”

结果到了下午，即本案当事人被刑事拘留的第37天，家属给我来电称“蔡律师，警方通知我们取保候审，我们现在在派出所，派出所要有一个当地户口的保证人，我已经让我的那个表兄去找人了，表兄说没问题。”

我对家属说，“根据法律规定，除了保证人，你们交保证金也是可以的，保证金一千元以上就可以了，这样方便些，而且保证金是可以退的。”

出于便利的考虑和为了尽快办理取保手续，家属最后还是交了保证金。

当事人被取保候审，虽然并不代表案件已经终结，但算是一个案件走向向好的信号。

再后来，我又跟检察院沟通案件后续的走向。很偶然的一次，检察院的工作人员对我说：“这个案子，除了您，还有别的律师参与吗？或者有其他人参与这个案子吗？”我说没有啊，这个案子一直是我在办。工作人员说：“是这样的，在您上次来我们检察院交了法律意见书以后，就有一个年纪比较大的人来我们检察院想打听案情，还说您是他的助理，但是他无法拿出手续和证件，我们就没有告知他本案的情况。”

我随后向家属核实，那位年纪比较大的、到检察院去打听案情而未得的，就是那位表兄。

行文至此，如果读者耐心读完，一定仍有不解或者疑问：你这个案子很明显是个案，不能代表普遍情况，而且从这个案子所表现的来看，是关系没有找对，并不能验证你的观点，即靠关系解决不了问题。

其实我举的这个个案的例子，只是我最新办理的一个刑事案件而已。以前办理的刑事案件，家属们都试图通过本案中的途径，也就是“靠关系”或“找关系”去寻求过某种希望或者安慰，但最后都被证明是无济于事的。

如果非要对本文题目和主旨做一个原因上的解释，无外乎是：第一种情况，假设没有找对关系或者遇到骗子，那当然达不到目的，也就是本文中的这个真实案例所表达的。我可以负责任地讲，绝大多数所谓找关系，结果都是如此。因为本身所谓找关系，就是见不得光的，既然见不得光，如何验证真伪？

第二种情况，假设碰巧找对了关系，找对了人，但就敢保证人家一定按照找关系者的要求办事吗？对于刑事案件，能否取保或者从轻处理，一定是靠证据和案件本身的事实，还有法律，这是所谓关系难以解决的；目前国家已经建立了领导干部干预司法活动的记录制度，即只要有人对案件“打招呼”“说情”，那么就会被记录在案，轻则通报向社会公开，重则受到纪律处分甚至追究相应法律责任，试问，谁敢拿自己的命运开玩笑呢？对于具体的司法工作者而言，则需要对承办的案件终身负责，一个刑事案件有许多环节，经手的人也多，法网之严密、流程之严格、监督之完整难以想象，如果司法工作者妄图做点手脚，那他今后的漫漫数十载岁月，都将在追责的阴影中度过。

第二部分

办案实操

刑事辩护律师办案指引

我写的这一篇办案指引，基本上算是我个人的一个经验总结，也是我日常办理刑事案件的习惯总结，涵盖了常见的、常规的三阶段刑事辩护案件，从接待开始一直到二审终结。算是一家之言。需要特别指出的是，法律和司法解释已经有具体规定的，本指引一般不再引用和列明。

一、委托前的律师工作（主要适用于律师与家属或者当事人初次会谈）

1. 正式会谈前可与对方先略微寒暄，一般家属遇到亲人被抓或者当事人遇到刑事案件都会比较焦急和紧张，律师要先平静、舒缓其情绪。

2. 询问、核实来访人的姓名、身份。

3. 询问来访人与涉案当事人的关系。

4. 询问同行人的身份（如有），须特别注意同行人中有无与本案有牵连的人或者本案有无其他涉案当事人（注意风险防范，如有，需要他们回避），如果来访人不是当事人亲属或者与当事人特别亲近，则可能其无决定权，或者“蹭”咨询的可能性更大，要注意把握谈判节奏。需要注意的是，如果来访人较多，为提高沟通效率，律师可指定一名了解情况较多的家属具体对谈，视情况决定其他人是否回避。

5.询问其是否带有证明亲属关系的材料或身份证明文件，如带来则最好查验一下。

6.查看法律文书、了解涉嫌罪名（如有），在询问具体案件情况时，需要重点了解包括当事人目前是否被羁押、如已被羁押需了解羁押的地点和时间、如未被羁押则是何种情况、办案机关和办案人员等信息，确定是否为刑事案件，如非刑事案件，直接告知来访人即可。

7.询问其是否已经请了律师。如果回答已经请了，询问律师做了哪些工作，可直接询问此行之目的。

8.通过查看法律文书（如有）和聆听来访人的叙述推断案件进展，同时进一步询问和确定案件所处的阶段。

9.切记不要放任来访人喋喋不休，一定要尽快搞清楚来访人的目的和目标（遵循四个原则——仔细倾听、认真记录、适时询问、果断打断）。果断打断的情形应当越少越好，但是必不可少，作为提高接待效率或结束接待活动的一个信号。因为刑事案件事态严重而紧急，客户要尽早找到适合他的律师，而律师的时间宝贵，也要筛选掉不合适的客户。下面我试举出几种情形：

如果来访人只是想蹭咨询、一味浪费律师时间而并无委托意愿的，要果断打断；

如果来访人想利用律师从事一些可能涉及违法犯罪的行为的，要果断打断；

如果来访人不断触及律师的原则和底线，经过律师解释仍然我行我素的，要果断打断；

如果来访人的目标和目的根本不可能实现的，要果断打断。

10. 在来访人描绘情况差不多之后（一般情况会遗漏一些信息），除前述已经和需要了解的直接涉案信息外，还需要全面了解来访人和当事人的具体情况、工作及职务、联系方式、家庭情况、有无固定住址、品行情况（包括但不限于当事人之前有无违法犯罪记录、有无赌博吸毒恶习、一贯表现等）、社会荣誉情况等，能否提供足额赔偿金（针对有具体被害人的）和保证金等。

11. 初步解答关于涉嫌罪名或涉案可能涉及的法律规定，分析可能性，告知刑事案件的程序，分析达到目的的途径，律师的作用等（不宜说得太多太详尽，因为此时律师了解的信息非常有限）。

12. 如果他们需要律师提供更多的咨询意见，基于对案件和家属及当事人负责的原则，如果当事人系被羁押状态，可以告知其需要律师先进入看守所会见当事人核实相关情况和进一步找办案机关了解案件情况以及可能地调查取证；如果当事人未被羁押，可以告知其需要进一步找办案机关了解更多案件情况，以及可能地调查取证。

13. 如委托律师代理案件的，复印户口本、结婚证、亲属关系证明等能够证明亲属关系的材料，复印委托人的身份证件、当事人的身份证件，留存委托人的联系方式，签署合同（合同上需填写委托人有效的地址）及授权委托书，收取费用后第一时间开具发票。在委托并了解清楚案件所处的阶段后，律师应当第一时间开展相应的工作，万万不可拖延。须知与委托人的信任不是由一次见面决定的，但是你在之后对委托工作的态度往往对委托人的信任有着极大的影响。

14. 如果当事人在押，律师在每次会见前，需提前告知家属可以传达法律所允许的信息，询问是否需要家事传达。

15. 对于家属或当事人需要承诺案件结果的，绝不承诺任何结果，可以提供思路和分析，初步的律师辩护方向、辩护点等；对于家属或当事人询问是否有“关系”和是否需要“找关系”时，可以回应：律师本人从事刑事业务，经常需要与公检法部门打交道，正常的沟通没有任何问题，且刑事案件的结果主要取决于证据和事实以及法律。引导家属或当事人的需求和预期回归到案件本身。如家属或当事人需要律师“找关系”行贿或者寻求与公检法部门和办案人员的不正当交往时，则要明确表示拒绝。须注意的是，许多家属或当事人是第一次遭遇刑事案件，他们往往不了解刑事诉讼活动甚至对诉讼有误解，首先要理解他们，但不能一味迎合，要进行正面引导，给希望，不给不切实际的承诺。

16. 对于家属询问律师取保候审的把握和概率的，一方面要强调律师必须先介入案件到看守所会见当事人了解情况，需要和办案机关进一步沟通，后续需要做一定的调查取证和撰写及提交相关法律文书，目前无法给出回答；另一方面也要明确告知家属，即便是取保候审，也不代表案件就可以终结，取保候审只是漫长的刑事诉讼的程序的一环而已。当然，如果案件本身不严重，或者符合相关取保候审的情形的，可以告知家属律师的判断和倾向性意见。如果案件属于可能判处十年以上有期徒刑的或者其他可能被逮捕的案件，就要明确告知家属没有取保候审的可能性或者取保候审的可能性很低。关于家属询问刑事案件的结果，需告知刑事案件只有法院才有权力定一个人的罪以及确定具体刑期，决定刑事案件结果的因素很多［包括（1）案件的证据材料。依据《刑事诉讼法》第五十条规定案件的证据材料包括：物证；书证；证人证言；被害人陈述；犯罪嫌疑人、被告人供述和辩解；鉴定意见；勘验、检查、辨认、侦查实验等笔录；视听资料、电子数据。（2）法律规定。（3）律师的有效辩护。（4）犯罪嫌疑人、被告人本身及家属的个人因素。（5）被害人的因素。（6）办案机关及具体承办人的因素。（7）最新的政策及政治因素。（8）舆论因素。（9）案件本身的性质和影响]。如果对方进一步追问，可以告知其关于该罪的法律规定或实践中常见的处理即可。总的原则是宜粗不宜细。毕竟，律师不是司法裁判者，而影响裁判的因素，特别是不可控因素实在太多。

17.对于来访人表示要回去商量或者表示需要考虑的，可以直接问其还需要考虑什么，有什么顾虑。应善意和明确地告知其办理刑事案件是一项专业性极强的工作，如果仍有疑虑，应当咨询专业人士，如果咨询非专业人士，他的意见可能不仅没有实际参考价值，反而可能耽误刑事案件的处理。并真诚表示，即便不委托，后续仍可跟律师保持联系，防止上当受骗。

18.对于电话咨询、非熟人介绍或者其他陌生客户咨询的情况，一律表示需要查验材料和面谈。防范潜在的律师执业风险和无效咨询。如对方表示需要面见律师的，约好时间，让其带好身份材料和案件材料到律师事务所。尽量不要在电话里直接报价。

19.跟家属或者当事人面谈后，在没有掌握充分的案件情况或材料之前，在自己没有对案件有相对清晰和全面的认识之前，不要轻易报出全阶段或全部委托的律师费用。基于对案件和当事人负责的原则，基于律师应有的严谨态度，可以先收取一小部分了解案件情况（如单次会见、单次阅卷、单次跟办案机关的办案人员的沟通等）的必要费用，然后再报出全阶段或全部委托的律师费用。

20. 总的原则是要有耐心、真诚，理解家属和当事人的心情，要弄清楚家属和当事人的意图。回答问题要简洁明确、全面周详，不能模糊不清、拖泥带水，要给家属和当事人以可靠的支持。须知刑辩律师不仅应当是专业上的“行家里手”，很多时候也是家属和当事人的“精神支柱”。

二、公安侦查阶段的律师工作

1. 到看守所会见当事人，可采取电子化记录，如律师需要签署相关书面材料的，可进行相关书面记录及确认。

2. 如家属有书面资料需要律师带入看守所的，须仔细核验，确认与案件无关的，方可带入。如属于可能导致串供或者产生其他违法后果的，或者家属有其他非法要求的，应当明确拒绝家属的要求；如属于一般性情感慰藉话语，可由律师与当事人见面后念给其听，不得直接交给当事人；如属于非生活类资料需要当事人签署的，如工作安排、授权委托书等，须先征求看守所同意，经其同意后，方可以其允许的方式签署相关文书。

3. 对于初次会见的，为增加与当事人的信任感以及传达家属的关心与支持，一般可要求家属自行书写一些与案件无关的鼓励性话语并转达家事、工作、生活、学习情况，最大程度上减少刑事案件对当事人的冲击，缓解其心理焦虑。

4. 到看守所会见需要了解的情况和告知的信息及顺序一

般为：

（1）介绍自己的身份和委托情况，表明自己的职责，告知可能存在的谈话风险；

（2）询问其在看守所情况，包括但不限于所在仓室、身体情况、生活情况、有无疾病、是否受到欺侮等；

（3）询问其进来之前的身份、年龄、工作情况、学习情况、居住地址及籍贯、婚姻家庭、政治面貌等基本情况；

（4）询问其是否有赌博吸毒等恶习、进来之前是否有违法犯罪记录、是否有社会荣誉、工作荣誉或者学习荣誉等情况；

（5）询问其何时何地被刑事拘留，刑事拘留的罪名、如何被抓获的，是否被逮捕及时间、罪名；

（6）对其进行法律咨询，全面告知其关于本案涉及的罪名及其他相似罪名的法律规定，告知其拥有的法律权利、救济途径，告知刑事案件的程序和后续走向，告知其关于立功的规定、认罪认罚的规定等；

（7）询问其在律师会见之前，办案机关对其讯问了几次，讯问笔录的内容，有无存在刑讯逼供、威胁、诱供、指供、骗供、漏供、错供及其他非法方式收集证据的情况；

（8）询问其有无举报立功，有无做相应鉴定，对本案是否有异议和辩解（需重点听取其辩解）；

（9）全面分析案件，跟其商讨确定初步的辩护方案；

（10）先传达家属的慰问和信息，然后询问其有无事项需要传达给家属；

（11）询问是否还有其他未尽事宜需要咨询律师或者跟律师沟通的；

（12）询问其是否同意委托律师作为辩护人。

5. 在会见时当事人如有材料需要传递给辩护律师的，应当先核实材料的属性、内容，是否属于违禁品等。如无问题，可由当事人口述后，律师做相应的记载即可，一般不收取当事人的材料；如果属于相关证据材料或其他特别重要材料确需要律师代为收取的，联系看守所民警见证和同意后再收取。

6. 会见过程中，未经看守所许可、非案件必须，律师不得传递任何物品给当事人。

7. 会见完后，应第一时间联系家属，通报会见的大概情况，但不得直接将会见笔录交给家属查看（告知的原则是不能引发证据灭失和有串供的风险，不能妨碍案件办理），不得过多透露案件细节，并告诫家属注意保密。

8. 询问和听取家属的意见，帮助家属分析案件、预判案件的下一步走向，分析案件的各种可能性，根据初步掌握的情况给予合理化的建议。

9. 如家属有委托意愿，并询问后续委托律师费用的，应先详细讲解刑事案件的程序和特殊性，后提供委托和辩护的方案，最后提出律师费用。

10. 如家属委托，应及时向公安机关提交委托代理手续并沟通了解案件情况，可在当事人刑事拘留期限届满前一星期左右向公安机关提交取保候审申请书。在撰写取保候审申请书的同时，应注意搜集相关对当事人有利的材料并随同取保候审申请书一道或尽早提交给公安机关，包括但不限于品行证明、荣誉证明、技能证明、求情书、谅解书、和解协议、类似判例等，能够用于证明当事人无社会危险性或其他能证明当事人无罪、罪轻或者减轻、免除其刑事责任的有利材料。因侦查阶段案件事实、证据随时可能有变化，且律师无法阅卷，除非有确定性的把握或者案件明显无罪的，一般在侦查阶段特别是早期建议谨慎选择进行无罪辩护，防止与公安机关出现沟通不畅，影响辩护效果，进而影响当事人合法权益的维护和争取。但案件明显无罪的或者没有犯罪事实的，应当在介入案件后第一时间提交书面辩护意见，并持续和积极地与办案机关、办案人员保持沟通。

11. 与公安机关的沟通流程一般为：先电话联系公安机关（如果没有电话，则要亲自去一趟办案机关），确定好本案有几个承办人及承办人姓名、联系方式等，约好时间，提交代理手续。到公安机关后和承办民警沟通、进一步了解本案的案情。

12. 特别需要密切关注提交取保候审申请书或书面辩护意见后的程序及提请检察院批准逮捕的程序。既要在递交取保候审申请书后，及时联系公安机关是否决定取保以及理由，也要留意何时提请检察院批准逮捕。如公安机关同意取保候审的，则直接参照本指引第16条、17条。在公安机关未能作出取保候审决定后应全力跟进检察院审查批捕环节，联系承办检察院案件管理中心，第一时间了解提请情况及承办检察官姓名、联系方式等。需要注意的是，在公安机关决定提请检察院审查批捕前数日需要到看守所会见当事人，告知其申请与检察官面谈及相关注意事项，为律师后续争取检察院不批捕打下基础，同时如果案件被批准逮捕，也要让当事人提前做好准备。

13. 案件提请检察院审查批捕后第一时间和检察院案管中心联系好，约好时间提交委托代理手续和申请不批捕法律意见书及其他证明犯当事人无逮捕必要性或不符合逮捕条件的证据材料，包括但不限于品行证明、荣誉证明、技能证明、求情书、谅解书、和解协议、类似案例以及其他能证明当事人无罪、罪轻或者减轻、免除其刑事责任的有利材料，在提交材料的同时，联系承办检察官，争取面谈沟通（特别是案件可能无罪或不批捕可能性较高的）。

14. 如未能第一时间争取面谈，在提交法律意见书及相关材料后第二天到第三天内电话联系检察官，询问辩护人提交的意见和材料是否已收到，沟通案情，跟进案件情况，询问检察官对该案的态度和意见等。

15. 如批准逮捕，跟办案机关了解批捕理由等情况，并第一时间告知家属，分析案件和后续走向，与家属商讨后续辩护方案。跟家属沟通完毕后及时到看守所会见当事人，告知批捕的相关情况，分析案件和后续走向，与当事人商讨并确定新的辩护方案。一些案件如批捕后出现新的非常有利于当事人的证据材料（如可能证明当事人无罪的证据、和解协议、谅解书等），应第一时间提交羁押必要性审查申请书或取保候审申请书。

16. 如未批准逮捕，应跟进公安机关后续是否要求复议、复核。大多数情况下要对当事人取保候审，此时应询问需要交纳保证金还是提供保证人。如当事人和家属无异议，则尽量争取采用保证人方式，以减轻当事人和家属的负担。当事人被释放后，应及时向当事人和家属索取取保候审决定书等文书留档。

17. 当事人被取保释放后需及时与其取得联系，告知取保候审注意事项，视情况面见叮嘱。

18. 侦查阶段会见次数一般为批捕前两次到三次、批捕后两次左右，合计五次左右。并做好相应的工作记录。

19. 与公安机关等办案机关保持沟通，在侦查期限届满前根据掌握和了解的情况，提交书面的、全面的辩护意见。确定是否移送、何时移送检察院审查起诉。

20. 侦查阶段办案机关如存在违法办案、阻碍律师依法行使辩护权的情况的，应首先跟办案人员理性、平和地沟通，如不能沟通一致或者其拒绝改正的，可先通过其内部领导沟通反映解决，如无效，再通过其上级机关、检察院、监察委或其他机关、其他组织提请纠正。

21. 侦查阶段时间紧、任务重，系整个刑事案件的开端，决定了整个刑事案件的走势，如何阐明其重要性都不为过。同时鉴于该阶段律师不能阅卷，掌握的信息有限，而侦查阶段随着侦查的深入、案件的证据和事实随时都可能发生变化，要求律师尽早、主动、多次、积极地与该阶段的公安机关、检察机关、当事人和家属、被害人（如有）等各个方面进行沟通，时刻留意案情变化。如存在有利于当事人的证据，应当尽早申请办案机关调取或者自行调取提交，防止证据灭失，让当事人少遭罪，争取让其早日恢复自由。

三、检察院审查起诉阶段的律师工作

1.案件移送审查起诉后应及时联系检察院案件管理中心阅卷，并询问阅卷是否有特殊要求，如是否需要自带光盘。询问阅卷密码，有无单独未刻录进阅卷光盘的纸质起诉意见书等材料。如果案件在异地的，可询问能否进行网上阅卷或邮寄代理手续方式进行阅卷。如果是在该阶段介入的，需问清承办检察官具体信息和联系方式。

2.阅卷后，应第一时间联系家属告知情况（只告知该阶段总体情况，不涉及案件具体细节），不得将案卷材料复制或者展示给家属看。

3.该阶段犯罪嫌疑人如在押的，在全面阅完卷或重点阅卷后，有初步的辩护思路后，应及时会见犯罪嫌疑人。会见时先询问近期有无办案人员讯问、讯问的次数和内容，然后核实阅卷的情况。

4. 如犯罪嫌疑人取保候审的，可与其约在律师事务所核实相关情况，除非犯罪嫌疑人系未成年人的，否则不得有家属等无关人员在场。

5. 核实阅卷的情况可按照如下顺序进行：

（1）先给其念起诉意见书，问其有无意见和疑问，应特别需要注意向其核实的是起诉书中犯罪嫌疑人的名次、地位和起的作用及侦查查明的事实；

（2）重点介绍本案的客观证据（如书证、物证、鉴定意见），向其核实真实性、合法性及来源等；

（3）具体核实言辞类证据（先核实犯罪嫌疑人自己的讯问笔录，再核实其他犯罪嫌疑人的供述和辩解、证人证言、被害人陈述等），特别应需要注意核实的是他本人的讯问笔录供述的真实性，是否为其原意，是否存在刑讯逼供、威胁、诱供、指供、骗供、漏供、错供以及其他非法方式收集证据的情况。注重核实其他犯罪嫌疑人的供述和辩解，证人证言，被害人陈述等是否为真实情况，重点听其辩解；

（4）核实其他证据和事实。

6. 核实完毕后，应先听取犯罪嫌疑人自己对该案的总体意见和看法（如认罪认罚或者不认罪认罚），然后给其相应的法律解答和意见，告知其自己初步的辩护思路，询问其有无意见，意见如何，并与其商讨确定本阶段的辩护方案。

7.做完前述工作后，应尽快联系承办检察官，争取面谈，确定是否需要申请排除非法证据，是否需要申请重新鉴定，案件适用程序等，提交书面辩护意见。在跟检察官沟通的过程中，需特别注意案件是否启动和适用认罪认罚程序，如果案件适用认罪认罚程序，则审查起诉及后续提起公诉时间将可能加快，尤须注意提前和承办检察官做好沟通工作。如由于案件推进过快，检察官通知律师前去见证当事人签署认罪认罚具结书，仍应坚持表达自己的意见，若检察官表示如不签署具结书则予以加重量刑建议的，可先建议当事人签署。在沟通暂时无效后，继续提交书面辩护意见，继续沟通，争取后续重新签署或变更具结书。如果辩护人认为案件存在无罪空间或者当事人认为自己无罪、不同意认罪认罚的或者当事人认为认罪认罚所确定的刑罚不能接受的，经与当事人解释清楚并充分协商后，需尊重当事人的意愿。

8.提交辩护意见后两天到三天左右联系检察官，询问承办检察官是否收到书面辩护意见，了解检察官对案件的意见和态度，对案件的适用程序等。对于认罪认罚案件，要赶在提起公诉前将所有意见尽快和检察官沟通及提交。

9.随时跟进审查起诉的情况，若案件存在退回补充侦查的情况，补充侦查完毕后，应第一时间联系检察院阅卷，查看新证据情况。对于一些重大、疑难、复杂的案件，公安机关可能存在不断补充新的证据材料的情形，需要定期保持与检察院的沟通，方便掌握其动态，及时阅卷。视情况决定是否需要进一步和当事人核实及提交补充辩护意见。

10. 审查起诉阶段会见一般在五次左右。

11. 如犯罪嫌疑人仍在押的，根据案件进展情况，在这一阶段，仍可申请羁押必要性审查或取保候审。

12. 对于审查起诉阶段，如家属表示需要了解承办检察官信息的，可视情况模糊化处理，只告知检察官姓名，不告知具体联系方式等其他信息。

13. 这一阶段需要调查取证的，仍可申请检察院调取或者自行调取。

14. 由于这一阶段律师可以全面阅卷，因此辩护意见的提出更具有指向性和明确性。审查起诉阶段系整个刑事诉讼活动承上启下的环节，具有非常重要的地位。相对于在法院审判阶段争取当事人无罪或者从轻、减轻、免除处罚，在检察院审查起诉阶段争取不起诉或从宽处理是相对容易和明智的选择（按照最高人民检察院最新发布的2022年上半年的办案数据显示，不起诉20.9万人，不起诉率23.5%）。不起诉有三种情形，不管是因哪一种情形不起诉，当事人都不会留下犯罪记录。目前认罪认罚制度推行得已经极为广泛和深入，不仅有充分的法律依据，也有丰富的实践数据佐证，法院对检察院的量刑建议特别是认罪认罚的量刑建议采纳率很高。为争取当事人合法权益最大化，应当根据实际的在案证据材料和案件情况，尽早判断案件是否和能否适用认罪认罚程序，一般不搞证据和意见突袭，及时和保持与检察官沟通，全面跟当事人分析各种方案的利弊并确定好辩护方案。

四、法院审判阶段的律师工作

（一）一审阶段

1.案件提起公诉后，应及时告知家属，尽早和法院联系好时间阅卷，提交委托代理手续，向法院索取起诉书、量刑建议等，尤需注意法院阶段有无新增加证据材料。确定好案件承办法官及其联系方式。

2.阅卷后需及时告知家属相关情况。告知的注意事项可参考侦查、审查起诉阶段。

3.阅卷后应定期和法官或书记员、法官助理等联系，确定开庭时间和是否召开庭前会议。如果根据案件情况需要但法院决定不召开庭前会议的，律师可以以书面方式申请召开。如仍不召开的，可以在开庭前根据案件情况和需要尽早以单项书面申请方式提交给法院，如是否申请管辖权异议、是否申请证人或被害人出庭、是否申请不公开审理、是否申请排除非法证据、是否申请回避和重新鉴定、是否申请调取证据材料等。如当事人在押，且羁押时间较长有可能超过实际判处刑罚的，或者案件的情况特殊可能判处缓刑的，为争取最好结果，减轻各方压力，可向法院申请取保候审，提交书面申请和相关材料，并尽量和法官当面提前沟通。如案件可能无罪或存在重大冤情的，亦应提前与承办法官沟通。

4.开庭前提交有关书面申请的，应在提交后与法官保持联系，询问其是否同意，以及不同意的理由，如其不同意，需仔细研究理由是否合法，是否需要进行救济。

5.开庭前应准备好发问提纲、质证提纲、举证提纲（如有）、辩论提纲等。如审判阶段的证据材料和起诉书内容与之前审查起诉阶段差异不大的，可在开庭前两日左右会见当事人（如案件情况复杂或差异较大可多会见几次），进一步核实证据和起诉书，告知其审判流程，注意事项等，进行庭审辅导工作，询问当事人的要求和意见，确定好一审辩护策略和方案。家属或者当事人需要律师做无罪辩护的，须告知其风险，并签署无罪辩护风险告知书。如果本案无罪辩护空间较小的，为最大化维护当事人的合法权益，应先考虑将无罪辩护和量刑辩护分别进行。

6.确定开庭时间和开庭地点后，应及时通知家属。对于相关申请的结果及意义，也应当及时告知家属。

7.适用速裁程序的认罪认罚案件，按照规定应当当庭宣判，如果对案件各方面无异议，可在与法官沟通后，开庭前提交书面辩护意见。

8.开庭前如果出现新的有利于当事人的量刑证据或其他证据，

可积极与检察院联系，如当事人已经签署认罪认罚具结书的，可要求检察院变更起诉书和具结书。如当事人未认罪认罚的，可视情况继续与检察院谈判，争取当事人的合法权益最大化。

9.开庭时律师应当着律师袍。律师应当保持庭审仪容严肃、整洁、大方。应当至少提前十五分钟到二十分钟到达法庭。如需要使用电子设备的，应检查四周有无插座，如无插座，应提前跟法庭申请使用。

10.对于证据材料较多、事实较为复杂的案件，特别是非认罪认罚案件、控辩双方分歧较大的，应当在开庭前向检察官索取其举证提纲，便利庭审时有针对性地质证，增强庭审的现场感，提高庭审效率。

11.开庭时应保持语速适中，不要过快，要做到吐字清晰、声音洪亮，注意书记员的记录有无遗漏，如有遗漏，需提醒记人。庭审结束后需仔细核对庭审笔录。

12.开庭时不要一味低头念提前准备好的书面意见，要根据庭审现场的情况随时进行修正，要注意当事人的庭审表现、注意公诉人和法官的表现，并针对他们的表现灵活调整庭审策略。法庭辩护要有现场感、层次感、正义感。庭审中要跟法官和当事人有眼神交流。

13.如庭审出现突发情况的，如本拟作无罪辩护的案件，当事人突然当庭认罪认罚或翻供的，如当事人身体状况较差的，可以申请休庭。待跟当事人商量确定好后再行开庭。

14. 非认罪认罚案件开完庭后3—5天内应根据庭审变化情况，整理提交书面辩护意见、质证意见等。认罪认罚案件庭前未提交书面意见的，如开庭无意外情况，可当庭提交。

15. 开完庭后，应定期和法官联系（一个月两次到三次左右），继续沟通案件后续走向，并视情况提交补充辩护意见。

16. 如案件需要提交法院审判委员会讨论的，律师应当积极申请参加审委会讨论。案件的决定权在哪里，律师的辩护工作就要到哪里。

17. 案件一审判决书下达后，应当于判决书送达当日及时告知家属，认真研究一审法院判决书认定的证据和事实有无问题，法律适用有无问题，量刑有无问题，诉讼程序有无问题等。还要询问家属对一审判决的意见，并尽快到看守所会见当事人，分析一审判决，告知家属的意见，最终征求当事人的意见。如家属与当事人的意见相冲突，应当以当事人的意见为准，可视情况由当事人写明是否上诉及原因，经征求看守所同意后带出。

18. 若当事人未上诉的，一审判决生效后，当事人尚未移送监狱的，如家属需要到看守所会见当事人，律师可帮忙协调。

19. 一审阶段会见次数在五次左右，一般开庭前两次到三次，开庭后两次到三次。

20. 审判阶段是一个刑事诉讼案件最后的阶段。相对于前两个阶段，这个阶段如果想为当事人争取更多的合法权益，要难得多。因此，这个阶段的辩护策略相对于前两个阶段，要更加全面，辩护方案要准备多套，并根据庭审和庭后情况进行动态调整。

（二）二审阶段

1.当事人及其家属如果委托二审的，委托手续如前。

2.如委托，应当在法定期限内撰写上诉状，并前往看守所让当事人签字按手印。

3.联系法院，确定检察院是否抗诉，提交委托代理手续和上诉材料。

4.提交代理手续和上诉材料后，应定期和二审法院保持联系，确定二审法院是否受理、何时受理，确定承办法官等信息。在确定前述信息后应及时与家属和当事人通报。如果是二审阶段介入辩护的，应当到二审法院进行相应阅卷，案件材料尚未移送二审法院的，可以联系一审律师阅卷。

5.在案件分到承办法官后，尽快提交书面二审辩护意见、质证意见、二审开庭审理申请等。

6.提交后应定期和法官保持联系，沟通案件情况和二审后续走向。

7.如暂时决定不开庭的，律师仍应当积极与二审法官沟通并争取包括开庭在内的事宜，口头与书面沟通相结合，定期与不定期沟通相结合。即便最终还是不开庭的，律师的辩护工作仍应当按照开庭要求进行。

8.如二审法院决定开庭的，在法院通知检察院阅卷后应积极与检察院联系，交流辩护观点，争取检察院的支持。其他工作参考一审。

9.二审开完庭后，根据庭审的情况，应修改书面辩护意见、质证意见等提交法院。

10.提交书面辩护意见、质证意见等后应定期（每月两次到三次）联系法官，了解开庭后续走向。具体工作参考一审。

11.收到二审判决书后，应分析判决书，并及时告知家属，询问家属意见。及时到看守所会见当事人，给其分析二审判决书和后续程序，询问其意见。

12.二审判决书生效后，当事人尚未移送监狱的，如家属需要到看守所会见当事人的，律师可帮助协调。

13.虽然多数二审案件都是维持原判，但作为辩护律师绝不能因此有所懈怠。二审辩护工作的要点，用一句话概括便是：挑尽一审判决和诉讼程序所有的毛病。挑得越多，二审改判的可能性越高。

当一个人确实犯了罪，请律师的作用和意义在哪里

作为刑事律师，我经常会遇到很多紧急的咨询。

“蔡律师，我的某某被抓进去了，您能不能取保、让他/她尽快放出来？”

“蔡律师，我的某某是冤枉的呀，您一定要帮帮他/她！”

“蔡律师，您什么时候有时间可以进看守所看看他/她？”

还有人问我，“律师都是帮坏人辩护的吗？”“如果明知道自己的当事人犯了罪，律师还帮助他辩护，律师存在的意义是什么？”“一个人犯了罪，有法院来审判就可以了啊，还需要律师做什么？”

相比单纯地进行抽象的论证，用实例来论述，可能更加真实可感。

因此，我想结合我办理的一起真实案件来回答上述这些问题。

当事人的父亲心急火燎地找到我的时候，当事人（也就是

这位父亲的儿子）刚刚被羁押。罪名是职务侵占罪。

事情是这样的：当事人在一家建筑施工单位负责现场全面管理，由于刚进入社会没多久，受到不良社会风气的引诱，先是跟自己的上司领导一起利用职务之便，将施工现场余留的材料运出去销售中饱私囊，上司领导调走后，索性自己又“单干”了几次，“获利”颇丰。

半年后，警方在调查该工地上另外一宗与此无关的失窃案件时，由于当事人是该工地上的现场负责人，于是将当事人叫去问话，以协助调查这宗失窃案件。当事人以为警方已查到自己的头上，遂和盘托出、全部交代了自己的犯罪事实。本案由此案发。

在委托我后，我经过紧张又紧急的工作，当事人在被刑事拘留37天后成功取保候审，终于从看守所的高墙暂时走了出来。（详细经过可查看《为什么刑事案件靠关系一定解决不了问题》）

取保候审只是案件走向向好的一个信号，但不代表案件终结。

在当事人被取保候审数月之后，案件被移送检察院审查起诉。

随后我联系检察院查阅关于本案的卷宗，以期尽早研究案件具体证据材料，尽早思索后续更加具体的辩护思路。

数日后检察院联系到当事人和我，让我们第二天一同到检察院。我问负责联系我的检察官助理："具体是什么事？"

检察官助理含糊其词，只笼统回答是关于当事人案件的事。

第二天，我带着关于案件的法律意见书，和当事人一起，来到检察院。

我拨通检察官电话，是他助理接的。我说："您好检察官，我们到了检察院。"

他让我们在大厅等一下。等了一会只听见大厅有人喊："蔡律师，请您来这边。"

我回头只见一名穿制服的男性，遂随他来到大厅旁一间办公室。

"您好，我是某某检察官的助理，我叫某某，今天把你们请过来是打算这个案件准备走认罪认罚程序，想问问你们的意见。这是材料，你们先看看。"

我把材料拿过来看了看，发现上面对我当事人的量刑建议为有期徒刑一年、缓刑一年六个月。不过仔细一看，我又发现检察院少认定了一个对我当事人有利的情节。

我立即说："你们对我的当事人少认定了一个自首的情节，这个有问题，你看能不能把这个事情和承办检察官反映一下。我先提交一份法律意见书，这份认罪认罚的材料我们就先不签署了，过几天我们再过来。"

检察官助理先是一愣，随即颇为强横地说："不行，我们检察官每天都很忙，没有时间再来重新签署认罪认罚具结书。要么你们今天就签署，要么你们就不签署，我们重新调整量刑建议，那可能比这个要重得多。”

我反击道：“你们目前的事实认定和量刑建议都是基于没有自首这个情节的基础上，但是我的当事人的行为肯定属于自首，因为当时警方在调查另外一个失窃案件，并没有发现也没有调查到我的当事人的案件，只是我的当事人在协助警方调查这个失窃案件的时候，自己主动承认了与这起案件完全无关的职务侵占的犯罪事实，这属于法律规定的自首情形，属于法律规定的从轻或者减轻处罚情节。”

检察官助理随即又说：“即便是自首，按照法律规定，那也只是可以从轻或者减轻处罚啊，也没说就一定要从轻或者减轻处罚啊。”

我说：“‘可以’也是法律规定的倾向性意见，这个案件既然你们的量刑建议是基于没有自首情节，那么你们应该重新调整包括量刑建议在内的认罪认罚的材料。”

见与我不能争论出个结果来，检察官助理索性说：“你们爱签不签吧，不签就算了。”

为了缓和气氛，我只好说，这样吧，我跟当事人商量一下，您稍等片刻。

我把当事人带到另外一间办公室，跟当事人详细讲解了一下有关认罪认罚的规定，并指出如果检察院不认定自首这个情节，我们到了法院也要争取法院认定。当事人经过考虑，还是决定先签署认罪认罚具结书，毕竟这对他有利，其他的后面再争取。

在当事人签署完认罪认罚具结书后，我又对那位检察官助理说："希望你们再考虑一下我的这个当事人的自首情节，他这种情况肯定属于自首，我这里也有一份法律意见书，提交给你们。"

检察官助理的态度终于有所好转，说："好吧，我会把你的意见跟承办检察官反映的，你提交的法律意见书我们也会参考。"

临走时，我又问："这个案件你们检察院准备什么时候移送法院？"

检察官助理答："明后天的事吧。"

我于是做好了在法庭上争取对当事人有利情节的准备，尽管这可能更困难些。

过了两天，我跟检察院联系，这次接电话的是承办检察官。

我问："检察官您好，我前两天提交的法律意见书你们这边是什么意见呢？不知道您的助理把律师的意见跟您这边说清楚了没有？"

检察官答道："说了说了，您的法律意见书我们也认真看了，经过研究和汇报，他的这个行为确实属于自首，我们将予以认定。"

我又问："那我们已经签署了有期徒刑一年的、缓刑一年六个月的认罪认罚具结书，加一个自首的情节，是不是要再去一趟检察院？需要重新签署具结书吗？”

检察官说：“不用了，你们到时候开庭的时候再补签一个就行了，另外，基于您的意见，我们准备将他的量刑意见改为拘役四个月、缓刑六个月。”

电话沟通快结束的时候，我问：“这个案件检察院准备什么时候移送法院？之前听您的助理说就这两天？”

检察官回答道：“这个可能还要等几天，因为您提的这个新意见，我们的起诉书等一些法律文书都要重新制作，这几天应该不会送过去。”

过了十天左右，我联系法院，想看看案件移送没有。

法院回答案件刚刚移送过来。

我赶紧过去阅卷，我看到检察院的起诉书以及其他材料，新认定了自首，量刑建议也从一年有期徒刑、缓刑一年六个月修改为拘役四个月、缓刑六个月。

终于松了一口气。

没过多久开庭，由于前期准备得比较充分，法官也认可了律师的观点和意见。

开庭之后大约十多天，判决书下达：判处当事人拘役四个月、缓刑六个月。

最后，回到本文的题目：当一个人确实犯了罪，请律师的作用和意义在哪里？

答案是：当一个人确实犯了罪，请律师的作用和意义就在于，让他受到公正的惩罚，既不被错判，也不被重判，而是罚当其罪、罪责刑相适应。当一个犯了罪的人被错判或重判跟本身无罪而被判有罪在性质上并无甚区别，都是冤枉，而法律的最大价值在于公正。

如何使律师的意见更容易得到办案机关的采纳

作为刑辩律师，经常有律师同行问我，“蔡律师，为什么你办理的刑事案件取保候审率那么高、从轻减轻处罚的案例那么多呢？好像你的意见更容易得到办案机关和办案人员的采纳，到底有什么诀窍呢？

其实诀窍倒没有什么。抛开责任心、热爱和专业这些必备因素之外，如果从战术的角度来谈谈这个问题，我觉得可以从两个方面来展开。

一是刑事案件的办理需要树立系统思维、整体思维，一定不可忽视、小视当事人和家属的配合。

每一桩刑事案件都不是一件小事。如果说刑事案件就是一场战争的话，那么律师作为专业人士，只是这一场战争中的重要角色而已，当事人和家属同样是不可或缺的参与者。

有些律师同行可能会觉得，当事人和家属根本就不懂法，不必过多理会他们，也不必得到他们的帮助，自己作为专业人士，一肩挑就行了。这种观点是十分错误的。

首先，当事人和家属虽然可能不懂法，但他们都有着自己的社会经验，对于一些年龄比较大的当事人和家属，他们的社会经验并不比律师少，法律的实施本来就根植于社会实践，他们在某些方面甚至能“弥补”律师由于专业属性所带来的某些综合性的不足。

其次，在每一桩刑事案件中，当事人和家属往往就是案件的直接涉案人。特别是当事人，被采取强制措施的就是他/她。在实践当中，侦查机关许多时候的侦查方向往往比较依赖于口供，特别是当事人的口供。应该来说，由供到证的情况依然不少。况且，根据《刑事诉讼法》的规定，犯罪嫌疑人、被告人的供述和辩解本身就是八种定罪量刑的证据之一。因此，要使一桩刑事案件取得好结果，当事人和家属的配合必不可少。

如果当事人是无罪的，作为律师，应当勇敢地告知当事人和家属，坚决不能认罪，同时要积极搜集无罪的证据。在面对侦查机关的调查时一定不能含糊其词，要避开一些“侦查惯性”和“侦查套路”，在面对前所未有的巨大压力、盲目无助之时，一旦经受不了而胡乱签字、胡乱认罪，后面将很可能带来无妄的牢狱之灾；相反，如果能坚持住，方能迎来曙光。从我办理的诸多无罪案件来看，当事人的因素和口供非常重要。一旦前期当事人因态度不明或者因各种因素被迫认罪，一个明显无罪的案件，往往到后面就很难办。一个人，一生中可能很难遇上一次刑事案件，他也许跟法律特别是刑法压根儿都没有打过交道，对于复杂曲折的法律程序也并不十分了解。面对国家机关和有着丰富经验的办案人员，让他独自且毫无准备的去面对，不说别的，办案人员口中那些难懂的法律概念他可能都不懂，在不懂的情况下，错误和误会也许就不可避免。

如果根据在案证据显示，当事人确实是有罪的，那么当事人和家属的配合同样必不可少。因为根据法律规定，还有大量的从轻减轻情节以及相应的对当事人有利的证据。律师不仅要自己留意和搜集，更重要的是要提醒当事人和家属留意和搜集（有一些证据的搜集还只能通过当事人和家属提供的线索）。再如如今实践当中运用得比较广泛的认罪认罚制度、刑事和解制度，都能起到从宽处罚的效果，没有当事人和家属的配合，这些有利情节都很难达成。

总而言之，刑事案件是个配合战、总体战。律师不能在这场战争中唱独角戏。我常以为，律师除了在刑事案件当中扮演“救火者”的角色，更重要的是要激起当事人和家属的自救意识。如同开车一样，一个轮子转和四个轮子转，效率和效果肯定大不一样。

二是辩护意见证据化。

什么叫辩护意见证据化呢？说得简单些，就是在刑事案件的办理中，律师应当大胆的取证、积极的举证。让证据作为律师提交的辩护意见的有力支撑，以提高辩护意见的可信度和采纳率。

这个观点我在数年前办理一个诈骗案件的时候就慢慢形成了。当时为了争取检察院的不批准逮捕，在提交辩护意见的同时我提交了大量证据，如当事人的公司信息（拟证明当事人没有欺诈故意，而是确实有资质和能力为被害人办理某事），如当事人的房产和户籍信息（拟证明对当事人不批准逮捕、取保候审逃跑可能性较小），后来检察院没有批准对当事人的逮捕，当事人被顺利取保候审。最后该案因不构成犯罪在侦查阶段即被撤销。

再讲一个我最近办理的诈骗案件。

我的当事人因为做生意需要，数年间找A借过很多笔钱，数额大概在数千万元，中间陆陆续续还过几千万元，剩余千万元左右没有归还。因为我的当事人跟A是很好的朋友关系，比较信任，双方没有任何书面协议，一般是我的当事人需要用钱了，就找A借，A一般这个时候会直接将相应款项打入我的当事人的银行卡账户，然后我的当事人有钱了就会把钱打入A的银行卡账户。这个事儿呢，双方也一直没有对过账。后来不知什么原因，可能是因为利息问题，也可能是其他利益问题，或者别的什么事，两人闹翻了。A曾经到法院起诉过我的当事人，要求还款，后来又撤诉了。再后来呢，A又到派出所去报案，想通过刑事手段让我的当事人坐牢。但刚开始派出所以本案是民间借贷纠纷为由并没有立案。也许是A闹派出所次数多了或者其他什么原因，我的当事人被派出所传唤过很多次，让当事人到派出所配合调查这个事，但派出所在这个过程中也没有出示过传唤证。就这样折腾了一两年的时间，也没个结论。当事人就比较愤怒了，将派出所的违法传唤行为曝光在当地的城市留言板上。不知是不是这个原因，派出所的传唤就此中止了。又过了好长时间，派出所突然以我的当事人涉嫌诈骗罪将其刑事拘留。

在家属找到我的时候，当事人已经被刑事拘留好几天了。经过交谈，我认为本案不构成犯罪。于是在办理了委托手续后，我火速前往看守所会见。

在看守所见到当事人，我详细了解了案情，同时对当事人展开了详细的法律咨询，包括诈骗罪的犯罪构成，告知了其所拥有的合法权益。

在侦查机关将本案送至检察院提请批准逮捕时，我已经会见了当事人数次。

好在努力没有白费。在后来检察院去看守所提讯当事人的时候，当事人如实说明了本案的前因后果，只是正常的民间借贷，顶住了办案机关的压力，没有认罪。

后来，当我去检察院跟具体承办检察官沟通案情时，不仅准备了详细的无罪辩护书面意见，更重要的是，我调取和准备了丰富的证据材料。包括当事人和A数年间的银行往来流水、法院的诉讼记录及相应诉讼文书，当事人投诉涉案派出所的城市留言板截图，还包括当事人在当地的常住证明等。

跟往常一样，我遇到了强势的检察官。

检察官说："你不用说了，本案是很明显的诈骗，按照数额（依照她的说法涉案金额上千万元），量刑起点都在十年以上，应当逮捕。"

我说："不对，这是正常的有借有还的民间借贷纠纷。不信您看看，这是我们提交的银行流水，双方有长达数年的很多笔资金往来。这怎么符合以非法占有为目的、采取欺诈手段骗取财物的诈骗罪的犯罪构成要件？同时，我的当事人一直在积极还款，也没有失联，双方之前还为这个事打过民事官司，如何构成刑事诈骗呢？凡能够通过民事途径救济的，就不应当动用刑事手段，并将其定性为刑事案件。"

就案件的实体问题我跟检察官唇枪舌剑、你来我往，毫不相让，最后谁也说服不了谁。不过，检察官的语气渐渐不似当初那般坚决。

检察官随后说："这个案件当然也不是说一点问题没有，证据方面，太稀烂了。"对，她用的就是"稀烂"这个词。

我立刻抓住时机，就本案存在的重大程序问题跟检察官继续进行沟通。

我说："检察官，我们抛开案件实体问题不谈。单谈谈这个案件程序上和证据方面存在的问题也非常严重。首先，在本次对我的当事人采取刑事强制措施之前，在两年间对其传唤了很多次，一次传唤手续也没有，这是严重的程序违法；其次，我的当事人曾经就这个案件当中的违法传唤问题投诉举报过派出所，不能排除此次事件是派出所违法动用侦查权进行的打击报复；最后，这个案件明明警方可以根据规定自行延长刑事拘留期限至30天，却在刑事拘留7天后就匆忙送到检察院提请批准逮捕，明明可以搜集更多证据提高批准逮捕的概率，却偏偏不这样做，这不是很可疑吗？算来这个案子警方前后跟进调查也有数年了，如果真的有问题，证据怎么做得这么不扎实呢？恳请检察院明察，防止可能出现的冤假错案。”

讲到这里，检察官回应了一句：“哦，你讲的这些情况我会跟检察长汇报的。随即又顽强地加了一句：这个案子就算不批准逮捕，也不一定她就不构成犯罪，而是办得太稀烂了。”检察官又一次用了“稀烂”这个词。

等到七天的审查逮捕期限一到，我打电话过去询问是否批准逮捕。检察院答：“您的当事人没有被批准逮捕。”

第二天，当事人被取保候审，顺利从看守所走了出来。

最好的辩护是进攻

在刑事案件中，刑辩律师能做什么？大家可能都会说，当然是为犯罪嫌疑人（被告人）辩护、维护他们的合法权益了。不过，如何进行辩护却是个值得思考的问题。我认为，刑事辩护有消极辩护和积极辩护之分。

什么是消极辩护？辩护律师根据办案机关指控的事实和搜集的证据进行相应防守式辩护，如常见的“套路辩”——认罪认罚态度好、主观恶性不深请从轻、法律意识淡薄请从轻……可以说，消极辩护完全是被动式的、程式化的、机械化的。这样的辩护效果很一般甚至比较差。

什么是积极辩护？我将之命名为“进攻式辩护”，即最好的防守是进攻之意。是指辩护律师依据案件的事实和证据（不限于办案机关掌握的），积极主动寻找一切有利于当事人的证据，积极提出全面的辩护观点，扭转办案机关的既定印象和思维，使案件出现转机，而不是朝着办案机关所认定的方向一路前行。

下面，我结合承办过的一起实际案件进行详细说明。

基于保护个人隐私和本案涉及几个公司主体，我将用几个英文字母代替。

B个人和A公司签订合同，承租其名下一块土地的使用权，随后B将之转租给C公司，C公司是做废料回收加工的。值得一提的是，B旗下有一家公司D，后期运作，包括场地管理其实都是D公司在处理。

后来C公司在该地块上建起了一系列建筑及附着物，并堆放了大量废料。由于C公司安全生产理念落后，又缺乏安全生产培训和相应的专业人员以及消防安全设施没有完全配套到位，发生过好几次不大不小的火灾，由于扑救及时，都没有造成什么太大的危害。

只是在上个月的时候，很不幸该地再次发生火灾，C公司以为是和之前差不多的小火灾，遂没有太在意，也没有拨打火警电话（一开始还阻止其他人报警），甚至对救火这件事也不怎么上心。在现场进行施救的主要是D公司的工作人员。后来眼见火势越来越大，现场开始失控，现场人员只得不顾C公司的要求，赶紧拨打火警电话求救。消防人员到达后，发现火情严重而复杂，起火点位于现场数千吨废料堆积的最深层，并不容易进行扑灭。消防人员只得从总部继续抽调人手和设备，持续灭火。据说大火烧了三天三夜，将现场数千平方米的建筑、附着物及废料毁之一炬。当时火光冲天，一个巨大的火团将方圆儿里都照得亮堂堂的，不过好在由于处置得力，并无人员伤亡。由于这个事件的轰动性，一时之间媒体也是大肆报道，社会影响很大。而这也导致当地政府对该事件非常重视。

警方在第一时间就将C公司的法定代表人控制住了，并进行了刑事拘留。随后接连将D公司的法定代表人和高管股东叫去问话，并相继刑事拘留。而我的当事人，也是D公司的股东，不过是小股东，也不是高管，基本上也不怎么管公司的事务，但在前述人员被刑事拘留十天后电话传唤其到派出所接受调查，随即被刑事拘留，涉嫌罪名是消防责任事故罪。

家属找到我的时候当事人已经被刑事拘留半个月了，时间无疑非常紧张，很可能警方在数日内会将案件送至检察院提请批准逮捕。一旦被逮捕，后续工作将难得多，也被动得多。

我至今仍记得家属找到我的情形。因为家属远在外地，过来不便，到我所在的城市时已经很晚，但她还是小心翼翼地问我："蔡律师，我们能不能晚上见一面？"

我知道刑事案件的紧急性，考虑到这个点律所已经关门，我们于是约到了我的住地附近商谈。

跟大部分家属一样，她也是认为刑事拘留了就要判刑，上来首先问我："蔡律师，这个案件有没有可能缓刑？"

我回答道："首先，对一个案件有权力定罪处刑的只有法院，其他机关说了不算。但是我们的工作必须做到前面，打好基础；其次，按照我们刑辩律师的思维是首先进行无罪推定，首选的是无罪辩护，一个案件是否构罪，有很多因素，证据和事实都要符合要求，一项因素不符合当事人就可能无罪。如果经过介入了解到事实清楚、证据确实、充分，确实构成犯罪的，我们才会做从轻减轻，在量刑上的辩护，如你说的缓刑问题，适用缓刑的前提是构成犯罪。这是我们退而求其次的做法。”

后来经过深入交谈与对案件的初步分析，家属决定委托我，尽管当时已是深夜。家属对我说：“蔡律师，我们要是早点遇到你就好了！早点遇到你我们就早点请你，对我丈夫的处理也好些。”

不过，基于对案件负责的原则，我提出先到看守所会见当事人，了解第一手情况后再决定是否接受后面的委托。

在办理委托手续后，我准备好会见资料在次日即赶往看守所会见当事人。

当事人在看守所见到我的第一句话也是：“蔡律师，我这个案子能不能判缓刑？”

我说：“判不判缓刑，或者判不判刑，由法院说了算。其他机关说的都不算。而且一个案件定罪处刑要事实清楚、证据确实充分。有很严格的标准。你的案件现在才开始侦查，没那么快下定论。你先不要着急，跟我先说说情况，我替你分析分析。”

在了解到前述案件情况后，当事人接着对我说：“这块地是

B个人承租的，并且转租也是以其个人名义转租的，旗下的公司他也是实际控制人。这个是有合同的，我老婆那里有，你可以找她要。”

然后我对当事人详细讲解了罪名的法律规定、对其法律权利和案件程序进行了充分的告知。

我对他说：“要构成这个罪有四个条件，即违反消防管理法规、经消防监督机构通知采取改正措施而拒绝执行、造成严重后果的、直接责任人员。如果任一条件不满足，就不构罪。你具体在里面做什么？”

他回答说：“我在里面每月上半个月的班，主要负责的工作是考勤和纪律之类。”

我说：“如果你既不是负责全面领导工作，也不负责具体消防安全这一块的工作，又不是高管，根据法律规定，你可能不符合目前警方给你的定罪。但是你这一块有什么物证或者人证呢？”

他回答道：“我们那个公司很不规范，都是口头的。但是我做什么工作大家都知道。”

我们接着又聊了一下，并传达了相关家事。

从看守所出来以后，就当事人告知我的信息，我迅速联系上家属，核实相关情况，寻找案件突破口。

家属说：“确实是有这样的合同，这个地块从承租和转租都是以B个人的名义，当事人每个月只上半个月的班，其实也没负责什么，主要是自己在这个公司投了钱，作为投资人来看看，没怎么管事，这个大家确实也都知道。因为现场还有很多其他工作人员，他们都知道。”

我问家属：“能不能找到现场的工作人员？”

家属说：“可以的。”

为了依法调查取证，以及防范执业风险，我接着问家属：“现场的工作人员被警方叫去询问过吗？”

家属说：“没有，警方只叫了公司股东和高管过去问话。”

我说：“好，那我们要赶紧去找到他们，核实一下相关情况。我们的原则是，一定要真实客观，绝对不能做伪证。我们要赶在检察院批准逮捕之前将证据材料提交上去。”

我们兵分两路。

我一边撰写申请不批捕的法律意见书，同时积极搜集证据材料（包括当事人所在的D公司的工商登记信息，信息显示，我的当事人只是占10%股份的小股东，且没有担任任何职务），检索关于消防责任事故罪的案例，发现该罪前期取保候审的案例不在少数。

家属随之也找到了火灾当日的两名现场工作人员。

这两名工作人员同意就实际情况进行作证，并各自自行书写了一份证人证言交给我们。内容包含了火灾当日他们亲历的现场情况，包括C公司负责人要求他们不报警救火，而他们D公司及各股东积极救火，以及现场一些工作人员的分工负责情况。因为这两名工作人员天天待在现场，所以各股东的职责和实际工作他们很清楚，我当事人确实不负责安全生产和与此相关的工作，也并不怎么管事。

当我们做完这些工作，警方已经将案件送至检察院提请批准逮捕。根据法律规定，检察院将在七天内决定是否对当事人批准逮捕，一旦批准逮捕，当事人将继续被羁押在看守所！

在案件移送检察院提请批准逮捕的第二天，我带着申请不批捕的法律意见书和相关证据材料火速前往检察院，提交给检察院案件管理部门后，我又索取了该案承办检察官的电话，以方便后续的沟通。

过了一天，我估计检察官应该已经看完关于本案的案卷和我的意见，遂拨通了检察官的电话。

检察官告诉我说："正在看案卷，由于案件涉及好几个人，有好几个律师，为了提高效率，我们定于下周一统一召集本案所有律师，集中听取意见，你们等我们通知。"

等到周一，我担心检察官太忙忘了这事儿，又主动去电联系，检察官好像真的"差点"忘了，说："你周二下午来吧。"

我心想，检察官愿意主动听取律师意见，这应该是个好兆头。

到周二下午后，我提前抵达了检察院。同时在现场的，还有其他几个犯罪嫌疑人的律师。

过了好一会，检察官终于从办公楼上下来，我们一行人跟着她到了一个大会议室。

检察官开门见山，直接问：“你们有什么意见，直接说吧。”

我第一个说道：“检察官您好，我是某某的辩护律师，我想先问一下的是，我之前交给您的律师书面意见和证据材料您收到了吧？都看了吧？”

检察官回答收到了也看过了。

我接着说：“那我再着重强调一下，我的观点就三条，第一条是本案的起因跟我当事人无关，第二条我当事人不属于消防责任事故罪的“直接责任人员”，不构成该罪，第三条即便贵院认为构成犯罪，根据本案情况，我的当事人也符合不批准逮捕的情形，可以不批准逮捕，变更其强制措施。”

我说完其他辩护人也各自提了自己的辩护观点。

待辩护人讲完，检察官也很坦诚地跟辩护人交换了观点，包括本案的疑点、问题，涉及的难点（因该火灾事故在当地影响很大，牵涉部门较多，需要做很多协调工作）。

结束这次面对面的沟通，我细细回想复盘：既然检察官愿意主动联系我们当面沟通，而且当面跟我们进行了如此坦诚的交流，连她自己都认为案件存在很多疑点和问题，尽管也确实涉及很多部门需要协调。但是是否批准逮捕的决定权毕竟还是在检察院。看来案件不批捕有希望。

果不其然，等到七天审查批准逮捕期限一到，我联系检察院，得知我的当事人没有被批准逮捕，并当日被公安机关决定取保候审，释放回家了。而公安的取保候审决定书上原因写的是：因本案事实不清、证据不足，检察院不予批捕。

为什么最好的辩护是进攻？因为如果只是被动防守式的辩护，防守很容易被突破，相反，如果采取主动进攻，不但能实现真正的防守，还可能突破对方的防线，发现问题所在，真正还当事人一个公道。

一桩事先张扬的抢劫案我是如何做到不起诉的

最近，我承办的一起抢劫案件终于拿到了检察院的不起诉决定书，这个案件前后耗时超过半年，其中我所费心血与精力较多，因此有必要说一说，权作此文，一为记录，二为纪念。

小A是一名高中毕业生，高考结束后，一日被其一女性朋友邀约至酒吧玩耍。一群年轻人正玩得起劲，忽旁桌一男青年加入，说人多热闹，都是年轻人，大家遂一起聊天、喝酒、玩游戏。渐渐地，小A的女性朋友有点不胜酒力，频频倒在该男青年肩上，男青年面带绯红，便主动提出送该女性朋友回家。大家见状遂分别回家。不料男青年见该女性朋友肤白腿长、面容姣好，心生邪念，将其带回了自己居住的房屋内，趁其酒醉昏乱之时“上下其手”，正宽衣解带时，女孩猛然惊醒，又急又气，怒骂摔门而去。因人身受辱，盛怒之下女孩想找人“教训一下”这名男青年。遂电话联系了十名男性朋友到场以及我的当事人——小A。小A到场后也没做什么，作用也就是撑个场面、站个台而已。反倒是那十名男性对该男青年不断辱骂、拳打脚踢，男青年跪地求饶，后来被强行索要了5000元“赔偿”——完事后大家把钱一分就离去了。小A分了数百元。男青年羞愤交加，以为自己遇到了传说中的“仙人跳”，第二天一大早就到派出所报了警。

警方立马将这些人全部抓获。值得一提的是，这十二个人，都是未成年人。

当小A的母亲火急火燎地找到我时，小A已被刑事拘留数日了。其母给我讲述了事发经过后，我判断可能属于抢劫，果然，刑事拘留通知书上写的罪名也是抢劫。

经过简要交谈，家属便和我签订了委托协议。事不宜迟，我第一时间赶往看守所会见当事人小A。见到小A后，我详细向其了解了案情，发现其在本案中起的作用非常有限，既没有出谋划策，也没有动手打人，更没有提出索要“赔偿”，只是确实出现在案发现场，事后也确实分了赃款。除了了解案情，我还详细询问了小A的生活、学习等情况。我发现小A除了生活习惯不太好之外（也就是贪玩一点，喜欢上网吧和酒吧），其他方面表现尚可，甚至还很不错，如学习成绩在高中的时候就一直居于前列，与人相处也非常融洽，品行还是很好的，高考成绩也不错，高考分数已经出来了，已经超过其报考的学校的分数线，录取几乎不成问题。

会见结束后，我找其母核实了小A的具体情况，又找其老师核实了他在校期间的表现，确实如同我在看守所与小A会见的一样。换言之，小A并没有对我说谎，这孩子本性不坏。为了本案争取到最好的结果，我决定首先全力为其争取取保候审。

在撰写相关法律文书的同时，我决定进行充分地调查取证。比如，找其老师和同学，为其出具了求情书和品行、学习证明，又让家属回到其居住的地方为小A开具了品行证明，这两份材料的目的是证明这孩子一贯都是表现良好的、品学兼优的，这次事件只是一次意外和偶然。鉴于小A的未成年人身份，我又让家属手写了一份陈情书，陈情书的内容既表达感情，也表示能对小A进行有效监护，这样才好打消司法机关一旦决定对小A取保候审对其后续监管问题的顾虑。同时，我嘱咐家属，要密切留意小A大学录取通知书的动向，一旦收到立马联系我。

一些证据材料因为客观原因迟迟未能到位，我决定先去派出所和承办民警沟通案情，并为其申请取保候审。记得第一次去的时候，承办民警态度非常冷淡，一听我是小A的辩护人，几乎不想接待我，并表示这个案件定为抢劫，属于恶性案件，影响非常大，大约觉得律师也不用怎么辩护了。后来随着调查取证的深入，我一次又一次地前往派出所提交证据材料和法律意见书，不断地与民警沟通，承办此案的民警态度终于有了很大的改观。不但收下了我的材料，还主动告知我案件的程序，具体程序的负责人以及一些法律规定可以告知我的案情。要知道，我之前并不认识这里的任何一个民警。我后来总结，人心总是肉长的，你一次又一次地前往沟通案情，说话也在理，有凭有据，充分尊重对方，不胡来乱来，人家怎么可能真的讨厌这样的律师呢？这样的律师不仅不是来挑刺的，还是对警方有益的呀！

由于跟警方沟通顺畅，在案件第一时间被送往检察院提请批准逮捕时我便知晓了。于是准备好新的法律意见书和证据材料我便火速前往检察院，一是提交这些材料，二是要求和具体承办检察官沟通。

好在这个时候小A的大学录取通知书已经下来了，我及时提交给了检察院。由于审查批捕的期限只有七天，时间非常紧张，一旦检察院批准对当事人逮捕，后续判刑坐牢几乎是板上钉钉的事了。一旦争取到检察院不批准逮捕，当事人便会被取保候审。在随后的七天内，我接连数次跟本案的承办检察官沟通了案情，因为检察官本身也是一名年纪较长的女性，除了法律和专业层面上的沟通，我还跟其进行了情感层面的沟通。我说："检察官，我想您也一定有子女，当您的子女犯了错肯定也不会一棒子打死，况且我们这个小孩这次案发纯属偶然，平日里他都表现较好，学习成绩也不错，这不，刚刚还被大学录取了。虽然抢劫罪是重罪，但是他平时的表现一贯都很良好，以及他这次参与的程度的确很浅很浅，您一定要手下留情，一旦将他逮捕，这个孩子就完了，到时候大学肯定就上不了了，如果判刑坐牢，出来对社会也不是一件好事。”

我记得刚开始跟检察官沟通的时候，检察官并未跟我透露过多。而且态度比较强硬和生冷，检察官刚开始认为本案属于抢劫罪中的“入户抢劫”情形，可能判处十年以上有期徒刑，应当逮捕，不存在取保的可能。就这个问题我第一时间就表明了观点，我说：“检察官，第一，因为本案的被害人有过错在先，完全是他的过错引发了本案犯罪嫌疑人的行为；第二，这些犯罪嫌疑人并不是事先有预谋、有计划地入户去实施抢劫，而是因为其中一个人受到了被害人的欺负，他们帮着到现场出气维权，只是方式错误，在向被害人出气的过程中，临时起意索要的钱财。所以结合他们的行为来看，不能被认定为入户抢劫。只能认定为发生在室内的普通抢劫。”

直到多次沟通后，也许是我的情理法沟通起到了一定效果，检察官后来再也没有提及本案为入户抢劫的观点。并说：“放心吧，这个案子毕竟是未成年人犯罪，我们会慎重，也不会一棒子打死的，这个案子中一定会有一部分人逮捕和另一部分人不逮捕的。”

听到这里，我明白了检察官的言下之意。看来，当事人取保有望。

果不其然，七天期限一到，当事人被取保候审，终于从看守所走了出来。

取保候审并不代表案件就终结了，特别是本案的定性是抢劫罪，还是聚众结伙抢劫，性质是非常恶劣的。

取保之后案件仍在侦查阶段，我继续跟进本案，同时特别叮嘱了小A取保候审期间的注意事项。而小A也如期拿着录取通知书到学校去报到了。

后来了解到，当地非常重视这个案件，检察院提前介入指导侦查活动，这是非常少见的。事后回想，幸亏我们将所有工作及时做到了前面，所以所有的办案机关一开始就看到了本案的全貌，特别是小A这个孩子的全部情况！这也是本案小A最终得以取保候审的一个重要原因，而本案还有几个犯罪嫌疑人最终被逮捕了。

等到侦查机关终于侦查终结，将案件移送检察院审查起诉，我便立马到检察院申请阅卷，待阅卷后跟检察官再进行详细深入地沟通。

阅卷后，我才发现，侦查机关对此案的重视。无论是程序还是实体方面，他们做得都非常细致，表现在案卷即多达数千页。

我花数日看完案卷，整体上跟我之前会见小A的内容差不多，不过细节更丰富一些。基于此，我确定了为其争取不起诉的辩护目标。辩护思路则主要是这么几点：一、辩护人认为小A属于情节显著轻微、危害不大，不认为是犯罪的情形，应当不起诉；二、即便检察院认为构成犯罪，那么小A至少属于犯罪情节轻微，也可以不起诉；三、小A在整个事件中起的作用、地位、表现等较小较低较少；四、小A的学习情况，一贯表现，监护条件等均较好。

由于小A的未成年人身份，加之前期已被取保候审，初始跟检察官沟通争取不起诉的时候，检察官认为，鉴于小A的情节，最多也只是符合附条件不起诉的情形（专门适用于未成年人犯罪的，对于特定领域的轻罪案件，符合起诉条件，但有悔罪表现，可以给予其六个月到一年的监督考察期，在监督考察期内须遵守一定的规定和要求，如果违反，就起诉到法院定罪量刑，如果期间没有违反，到期就不起诉），并表示本案影响很大，特别又是抢劫这一恶性犯罪，不起诉是不可能的，之前在当地检察院也没有过这方面的实践与先例。虽然附条件不起诉已经很不错了，也是实践中涉及未成年人犯罪常见的处理方式，但我不想让我的当事人继续承担至少半年的“严格考验期”，这期间出现什么意外谁都说不准，况且，小A符合不起诉的法定条件。我要将本案对小A的影响降到最低。基于此，我只得持续跟检察官沟通，我说：“即便我们在构成犯罪的基础上讨论本案，也可以不起诉，最高人民法院关于此类案件有明确的司法解释，就算您起诉到法院，也会被判免予刑事处罚，而这本身就符合相对不起诉的条件。”

检察官说会考虑我的意见。

司法机关对本案非常慎重，本案光审查起诉就进行了好几个月，比一般的案件时间要长（当然，中途退回侦查机关补充侦查了一次）。

作为小A的辩护人，除了本案刚移送审查起诉时我阅完卷跟检察官进行沟通交流以及后续提交了数份法律意见书，我定期都会跟检察官保持联系，每月约有2—3次的电话交流。交流的内容除了法律上、专业上的沟通，我还会做两件事，一是了解本案的动态进展，因为随着办案的深入，司法机关的态度和意见会有变化；二是每月跟小A及其母亲交流，了解小A最新的学习、生活、思想状况以及小A通过这次事件而有所改变、有所成长的具体表现，然后将这些情况跟承办检察官进行详细地报告。

由于本案还存在被害人的因素，后来在检察院的主持之下，我们也酌情给付了被害人（也就是那个男青年，这个男青年在派出所先抓了这十二个未成年后，没超过一星期也被刑事拘留了，涉嫌罪名是强制猥亵罪，后来因本罪被起诉到法院）少量赔偿，并取得了被害人的谅解。

再后来，距离本案案发已经过去大半年，终于，检察院对小A作出了不起诉决定！可以说，这个案件也刷新了当地检察院的记录。小A也终于可以不用留下犯罪记录，快快乐乐地学习成长了，相信小A的人生道路不会因此有所羁绊。

当我写完本文，再过几天，放完寒假的小A就又要去上学了。经过这一事件，我发现小A变得更加有礼貌了，待人接物也有所改观，确实有所成长，祝福小A！

再谈有效辩护

这里我想讲一讲有效辩护的内涵，具体应该包含哪些内容。

我认为有效辩护不能仅仅只局限于法律或者法理的角度，而应当法理情兼顾，三者缺一不可。每一个刑事案件都应当从这三者出发，三者的作用都一样大，这样的辩护才会有好效果。单纯从法律角度进行辩护，效果不能最优化。我敢说一句绝对的话：所有的刑事案件都可以从这三个方面进行辩护，就看律师们找不找得到点和面。法是调整社会关系的，社会关系由人组成，所有的刑事案件都不是孤立产生的，必定有事、人、情这三个因素。

我所谓的法理情辩护，首先是“法”，即辩护得有非常充分的法律依据，这是前提条件。即便是大家所诟病的“初犯、偶犯、认罪态度好”的“套路辩”，也必须指出明确的法律依据，优先找出具体的条文规则，如果无具体对应条文，则一定要找出相应的法律原则。没有这样一个大前提，任你巧舌如簧、下笔如有神助，也很难让办案机关、办案人员考虑和采纳你的意见及建议。

其次是“理”，即辩护得有深刻的说理性、普遍的常识常理性。除了寻找到充分的法律依据，作为辩护律师还应当展开充分、深刻的说理及论述，如为什么当事人应当适用这一条款，为什么他符合这一种情形，为什么有这样一个理由需要对他从宽处理或者取保候审等。一句话，辩护不能只有孤零零的法条。只会念法条而不知灵活运用的，不是专业律师所为，也解决不了问题。对专业律师而言，发现结论很重要，更重要的是，要论证为什么是这个结论，而不是其他。这样的律师意见先不管是否一定被采纳，至少看起来比较科学有体系，比较有分量，更容易赢得办案人员的好感和重视。没有经过分析和论证的结论常常容易被人所怀疑，至少很难自圆其说。对那些办案无数、熟识法律的办案人员而言，很多时候，他们除了需要具体的法律依据之外，内心更需要一个信得过和靠得住的理由。

普遍的常识常理性则是，虽然刑事辩护是一项专业度较高的工作，但每一桩刑事案件都不仅只有法律问题，一定还有生活问题、社会问题，很多时候，这些往往是案件的有力辩点和突破口，这些辩点和突破口常常藏在当事人、家属或是与当事人相联系的一个社会关系点或面之中。对辩护律师而言，当我们办一个案件时，除了深入研究案件本身，还一定要花大力气跳出案件，从案件之外看案件，从案件之外“挖宝藏”。法律归根结底来源于生活，而生活远大于法律，这很值得我们辩护律师思索和下功夫。

最后是“情”，即人之常情，作为辩护律师，一定要积极发现和深入挖掘当事人“其情可恕”的地方。当然，这个“情”也要有根据，不能谈一些诸如“犯罪嫌疑人、被告人法律意识淡薄、学历低，生活环境恶劣”等让人反感和明显消极的理由，而是要有真情真感，特别是能让办案人员产生共鸣、有积极意义的内容，这就很不容易。办案机关的办案人员也是人，他们也有喜怒哀乐，也有家庭，也有个人爱好和价值观。在政治学领域有句话说，规则常常需要依赖情感才能有效用。为什么呢？因为规则靠人制定和遵守，而人，都是情感动物。法不容情其实并不是常态，法内有情才是。

总而言之，我所谓的法理情辩护，无非就是作为辩护律师的我们在办理每一起刑事案件的时候都应当多想一想、再想一想、深想一想，然后跟办案机关及其办案人员勤沟通、多交流、敢于和善于“斗争”，当事人的合法权益最大化才可能因此而实现。毕竟，权利都是争取而来，多一分争取才能多一分权利。

刑辩，每一次小小的胜利都源自不放弃

跟某省高院的法官沟通手头上的一桩二审刑事案件，法官表示：“同意你的要求啦，二审我们会开庭审理。我们已经通知检察院了，你好好准备吧”。

我有点意外。

要知道，我之前已经被法官拒绝了很多次——我是指拒绝我提出的包括但不限于二审开庭审理等要求。

法官是一个挺有意思的老先生，我多次联系他，说是跟他沟通，但他嘴巴很严。啥消息也不肯透露一下，职业操守令我由衷敬佩。

所以基本上每次交流是我在说他在听和不耐烦地打断，以及每次对我“猝不及防”的表扬。

对我的表扬是指，他每次都要夸一夸我的辩护意见写得又好又全面——因此认为我再找他沟通就没必要了。他说：“你那个辩护词写得很好很棒，我给合议庭的法官们都看了，我们都看了，逐字逐句看的”。

老实说，对他的表扬我并不在意。我怕他不开庭，怕他维持一审判决，怕他不重视这个案件和我蒙冤的当事人……

后来跟这老先生“沟通”次数多了，他几乎每次都要跟我发一发脾气。内容多是：“我们法官审了这么多案子，我们知道怎么审，不需要你来指挥”“你咋老想套我的话”“行了行了我们知道了”等。

我呢，则是“千磨万击还坚劲，任尔东西南北风。”

刑辩是一场马拉松。坚持跑完全场的，才可能获得胜利。

对刑辩律师而言，所有的好运气和一点点转折、一点点胜利，都不是别人“恩赐”的，全靠自己争取而来。

虽然，这个案子还没有终审判决，后面仍可能有变数，但既然二审能争取到开庭，希望好运气会一直在，“积小胜为大胜”。

我很喜欢湖南人的四句话：“不怕死、耐得烦、吃得苦、霸得蛮”。我觉得真正的刑辩律师应该做到这四点，这样才可能改变一个案件的走向和当事人的命运。（注：该案后来经过二审开庭，依法改判，为当事人减刑四年）

《刑事诉讼法》司法解释带给律师的五点启示

被称为最高人民法院有史以来条文数量最多的司法解释——《最高人民法院关于适用〈中华人民共和国刑事诉讼法〉的解释》自2021年3月1日起施行。

作为刑辩律师，我第一时间进行了研读，发现内容确实很多，修改幅度也很大。当然，有些是将其他司法解释和规范性文件归并到了其中。基于自己的身份，我着重看了这个新的司法解释中对律师工作有利的部分。这部非常重要的司法解释通过后，许多以前分散的和具体的司法解释和规范性文件都将失效。通读过几遍条文后，我发现虽然这是关于刑事诉讼的程序法的解释，但里面同样涉及很多实体权利的处理内容。仅就新司法解释而言，由于篇幅比较大，我仅对实践中高频使用、比较重要的内容进行总结，挂一漏万，仅供参考。

启示一：管辖权之辩

作为辩护律师，我们也会提管辖权异议，即某地法院对该案没有管辖权。不过，如果明明当事人就在当地，所涉案件也在当地，这种提法往往不痛不痒，也达不到应有的效果。

如今新的司法解释出台后，就为某些特殊案件的公正处理提供了出路，让人们看到了曙光。

根据《最高人民法院关于适用〈中华人民共和国刑事诉讼法〉的解释》（以下简称新司法解释）第二十条规定，管辖不明的案件，上级人民法院可以指定下级人民法院审判。

有关案件，由犯罪地、被告人居住地以外的人民法院审判更为适宜的，上级人民法院可以指定下级人民法院管辖。

这一条款为以后异地审判提供了更多的可能，辩护律师日后遇到某些地方阻力较大的案件时，可利用该条款申请上级法院指定其他法院管辖。

有很多时候案件的阻力来自人和环境，如果能够改变这些因素，或许能令案件起死回生。

启示二：保障当事人获得辩护的权利

目前我国在刑事诉讼领域大力推行的改革之一是刑事案件律师辩护全覆盖制度。说白了，到了审判阶段（特别是快要开庭的时候）发现被告人没有请律师的，法院一般都会通知司法行政部门指派法律援助律师。这当然是好事，有利于保障被告人的合法权益。

根据新司法解释第五十一条规定，对法律援助机构指派律师为被告人提供辩护，被告人的监护人、近亲属又代为委托辩护人的，应当听取被告人的意见，由其确定辩护人人选。

这一条款在实践中的实际效果还有待检验。不过，至少从形式上来看，当事人获得辩护的权利更有保障了，这一条款的存在，也部分程度有利于辩护律师介入案件。

启示三：更加严格的证据裁判规则

根据《刑事诉讼法》第五十五条规定，对一切案件的判处都要重证据，重调查研究，不轻信口供。只有被告人供述，没有其他证据的，不能认定被告人有罪和处以刑罚；没有被告人供述，证据确实、充分的，可以认定被告人有罪和处以刑罚。

证据确实、充分，应当符合以下条件：

（一）定罪量刑的事实都有证据证明；

（二）据以定案的证据均经法定程序查证属实；

（三）综合全案证据，对所认定事实已排除合理怀疑。

这一条款确定了我国刑事诉讼领域的证据裁判规则。这次新司法解释在我看来则确立了更为严格的证据裁判规则。

譬如新司法解释第七十三条规定，对提起公诉的案件，人民法院应当审查证明被告人有罪、无罪、罪重、罪轻的证据材料是否全部随案移送；未随案移送的，应当通知人民检察院在指定时间内移送。人民检察院未移送的，人民法院应当根据在案证据对案件事实作出认定。

新司法解释第七十四条规定，依法应当对讯问过程录音录像的案件，相关录音录像未随案移送的，必要时，人民法院可以通知人民检察院在指定时间内移送。人民检察院未移送，导致不能排除属于刑事诉讼法第五十六条规定的以非法方法收集证据情形的，对有关证据应当依法排除；导致有关证据的真实性无法确认的，不得作为定案的根据。

这两条旨在限制公诉机关的"证据突袭"和侦查权的滥用。辩护律师应当积极利用该条款，对于案件已经进入公诉程序后，人民检察院未按照人民法院要求移送相关证据的，应当根据在案证据为自己的当事人争取最大化的合法权益。

再如新司法解释第二百六十八条规定，对可能影响定罪量刑的关键证据和控辩双方存在争议的证据，一般应当单独举证、质证，充分听取质证意见。

对控辩双方无异议的非关键证据，举证方可以仅就证据的名称及拟证明的事实作出说明。

召开庭前会议的案件，举证、质证可以按照庭前会议确定的方式进行。

根据案件和庭审情况，法庭可以对控辩双方的举证、质证方式进行必要的指引。

这一条对于有争议的案件，一证一质方能保证案件和庭审的质量，也有利于辩护律师展开充分辩护，为当事人争取更多的机会。

新司法解释中还有很多对具体证据的审查与认定，辩护律师须仔细研读，积极利用相关规定。

启示四：财产辩护

我们刑辩律师总认为自己是为自由和生命而辩护。事实上，随着经济社会的发展，人们的生活水平越来越高，人们的“腰包”越来越鼓，人们的财富也越来越多。而一旦当事人面临刑事案件之祸时，除了他自己可能面临处罚，他的财产也可能作为违法所得要进行相应的处理。对这一部分如何进行合法合理地辩护，也同样重要。毕竟，就算一个人犯了罪，他的财富并不一定都充满了肮脏而需要进行法律上的相应处理，也有可能是他辛辛苦苦奋斗而来的。

在新司法解释中有很多条涉及涉案财产的处理。

譬如新司法解释第二百七十九条规定，法庭审理过程中，应当对查封、扣押、冻结财物及其孳息的权属、来源等情况，是否属于违法所得或者依法应当追缴的其他涉案财物进行调查，由公诉人说明情况、出示证据、提出处理建议，并听取被告人、辩护人等诉讼参与人的意见。

案外人对查封、扣押、冻结的财物及其孳息提出权属异议的，人民法院应当听取案外人的意见；必要时，可以通知案外人出庭。

经审查，不能确认查封、扣押、冻结的财物及其孳息属于违法所得或者依法应当追缴的其他涉案财物的，不得没收。

新司法解释第三百四十三条规定，采取查封、扣押、冻结等措施，应当严格依照法定程序进行，最大限度降低对被告单位正常生产经营活动的影响。

这两条一方面是限制公权力“眉毛胡子一把抓”式的执法，防止“趋利性执法”；另一方面也是落实中央保护民营企业的大政方针。可以预见对某些经济犯罪而言，该条款的存在，将有利于辩护律师针对涉案财产的处理积极展开辩护，最大程度上贯彻“存疑有利于被告”的原则，不仅可以保护当事人，还可以保护他的财产避免被侵害。

启示五：认罪认罚辩护

认罪认罚制度是近年来刑事诉讼领域的重大改革之一，也已成趋势。每一位辩护律师都应当认真关注和研究认罪认罚制度。几年前《刑事诉讼法》修订后加入了许多“认罪认罚”方面的内容，这次新司法解释不仅衔接了法律规定，而且更具有可操作性。

从新司法解释的体例来看，单独增加了一个章节为“认罪认罚案件的审理”。辩护律师应当认真研究，利用相关条款为自己的当事人争取最轻的处罚。

譬如新司法解释第三百五十条规定，人民法院应当将被告人认罪认罚作为其是否具有社会危险性的重要考虑因素。被告人罪行较轻，采用非羁押性强制措施足以防止发生社会危险性的，应当依法适用非羁押性强制措施。

这一条款的存在让辩护律师为当事人申请取保候审提供了依据。当然，前提条件是，经过辩护律师对案件事实和全案证据谨慎地审查，当事人确实构成犯罪的，那么我们就完全可以跟自己的当事人沟通，分析利害，建议其认罪认罚换取从轻处理，同时积极跟法院沟通，争取变更当事人的强制措施，为最终争取最轻的处罚（如缓刑）打下基础。

以上，就是我个人研读新司法解释的一点个人心得与浅见，抛砖引玉，希望同仁们加强对这部新的司法解释的研究与运用，更好地为自己的当事人服务。

那些年，那些刑事案件中有趣的瞬间

这些年我办过大大小小不少刑事案件，这些刑事案件除了紧张的辩护和严肃严谨的审理之外，也不乏有趣和令人忍俊不禁的内容，我试着从中截取几个真实瞬间。

瞬间一：流的血不算多，人也没死，不算立功

在一起涉黑恶势力犯罪的案件中，有十几个被告人，我是第二被告人的辩护律师。

由于案情复杂，法院安排了多次开庭。

其中第二次开庭的时候，第四被告人的辩护律师向法庭提交了一份新证据，是关于被告人立功的证据——第四被告人在押期间，发现一名犯罪嫌疑人割腕自杀，他当即阻止并按铃求救，最后成功将自杀者救治过来了。

法官："公诉人对该份证据有何意见？"

公诉人："我们对这份证据有意见，我们认为被告人的行

为不构成立功。因为这名割腕自杀的犯罪嫌疑人并没有流很多血，而且当场就被救过来了，后来也没死，不符合立功的条件。”

这一番“神逻辑”的论调一出，第四被告人的辩护律师先是目瞪口呆，然后是青筋暴涨、咬牙切齿，随即展开猛烈反攻……

第四被告人要是知道了法庭上公诉人的“奇论”，估计会想：妈呀，救人救早了……

瞬间二：你的男朋友是不是大男子主义者，我们并不知道

还是上面这个案件，在庭审中第一被告人表示：“众所周知，由于我的男朋友是大男子主义者，我什么都决定不了，我只能在吃饭的时候决定点什么菜。因此，这个案件中这些事跟我都没有什么关系……”

法官：“被告人，本庭需要提醒你一下，你的男朋友是不是大男子主义者我们是不清楚的，不是众所周知的，这个只有你自己清楚，晓得吧。”

紧张严肃的法庭，登时传来一阵小小的笑声。

在一整天的庭审活动后，我看看时间已经六点了。

法官：“各位被告人，你们就先不要着急回看守所了，这个点回去你们也没有‘牢饭’吃了，就在我们这儿吃了再走……”

十几个被告人纷纷停下脚步、回头，露出一致的、感动的表情。这位法官的声音还在庄严肃穆的法庭内回响，但倏忽间法官已悄然离去……

瞬间三：蔡律师，你跟嫌疑人有没有什么特殊关系?

我曾经办理过一个刑事案件，证据存在问题，当事人也比较冤枉，所以我一直在为当事人做无罪辩护和不停喊冤，表现之一是我跟检察官反复、深入地沟通。

有一回检察官突然问我："蔡律师，你跟嫌疑人是什么关系？"

我本能地回答："我是他家属委托的律师啊！"

检察官："就这？"

我："是啊！"

检察官："你跟他有没有什么特殊的关系？"

这话算是把我搞蒙了。

检察官紧接着说："我的意思是，嫌疑人是不是你的亲戚或者朋友之类？"

我赶紧回答："没有没有，我就是他家亲属委托的律师而已，我跟他没有任何其他关系。"

检察官就没说话了。估计他心里在想：你搞这么认真、积极，还以为你跟他有什么特殊关系，原来就是个委托关系！

瞬间四：看守所的情诗

在一次看守所会见中，我们聊得差不多了，我问当事人：“还有没有什么家事需要传达给你的家人？或者还有没有别的什么想跟我聊的？”

当事人：“有！律师，请你给我女朋友带点话。”

我：“好的，你说吧，我给你记着。”

当事人：“嗯……”（他酝酿了一下感情）

“吃饭的时候，当我看到菠菜，我就想到你；

当我看到萝卜，我就想到你；

当我看到粉丝，我就想到你；

当我看到白菜，我就想到你。

当我看到……”

我心里想：还挺有情致的，就是这个情话水平嘛，也太“接地气”了！

为了他日思夜想的爱情，为了他心心念念的女友，为了让这对恋人早日团聚，我马不停蹄、丝毫不敢懈怠，积极搜集证据、提交辩护意见，终于成功将他取保候审——他在被拘留37天后被放了出来。我仿佛看到了这对恋人在重逢之后喜极而泣，他们相互拥抱，互诉衷肠……多么美满的一幕！

读最高人民检察院工作报告对刑辩律师的启示

作为一名刑辩律师，每年的最高人民检察院的工作报告我是必须要仔细阅读的，那里面有刑事辩护的空间、机会与无数启迪。

2022年的“两会”已经结束，最高人民检察院工作报告的官方正式版本也已经发布了。同往年一样，我把今年的报告也仔细研读了一番，并对比了前几年的报告。研读之后让我有了如下思考。

表1是最高人民检察院这四年工作报告里的部分办案数据：

表1　最高人民检察院2018——2021年办案数据

办案数据＼年份	2018年	2019年	2020年	2021年
批准及未批准逮捕犯罪嫌疑人数	批捕1056616人 不批捕284910人	批捕1088490人 不构成犯罪或证据	批捕770561人 不批捕226000人	批捕868445人 不批捕385000人

续表

年份 / 办案数据	2018年	2019年	2020年	2021年
	（其中不构成犯罪或证据不足的不批捕168458人、无须逮捕的116452人）	不足不批捕191290人	（其中不构成犯罪或证据不足的不批捕13.8万人、依法可不批捕8.8万人）	
建议变更强制措施（羁押必要性审查）	64106人	75457人	捕后认罪认罚可不继续羁押的，建议释放或变更强制措施25000人	56000人
提起公诉及不起诉人数	起诉 1692846人 不起诉 136970人 （不构成犯罪或证据不足的决定不起诉34398人；犯罪情节轻微、依法可不判处刑罚的决定不起诉102572人）	起诉 1818808人 不构成犯罪或证据不足的决定不起诉41409人	起诉 1572971人 不起诉 243000人 （不构成犯罪或证据不足的不起诉4.1万人；犯罪情节轻微、不需要判处刑罚的不起诉20.2万人）	起诉 1748962人 不起诉 348000人
落实防止干预司法"三个规定"检察官记录报告情况	无数据	2018年以来共记录有关事项18751件	67763件	162000件

启示一　不批准逮捕率近几年都有较大提高，且呈上升态势，表2是最高人民检察院这四年不批捕率的变化情况。

表2　2018—2021年不批捕率

2018—2021年不批捕率（精确到小数点后一位）	
年份	不批捕率（%）
2018	21.2
2019	14.9
2020	22.7
2021	30.7

通过以上数据可以看出，除2019年外，其他年份检察机关不批捕率均超过20%。其中2019年可能是因为最高人民检察院的工作报告中只统计了不构成犯罪或证据不足不批捕的情形，而没有如其他年份统计无逮捕必要不批捕的情形，如果加上无逮捕必要（如认罪认罚的轻罪案件、犯罪情节轻微的案件）不批捕的情形，那么实际总的不批捕率仍可能超过20%。

比较显眼的是2021年检察机关不批捕率达到了30.7%，也就是说，一千个人里面有307个人没有被检察机关批准逮捕，而是被变更了羁押措施，比较常见的是取保候审。

那么我们仍然可以得出结论：刑事案件中，为当事人争取自由、为案件争取好转的最佳时机，还是在检察机关审查批捕这一环节！有充分的数据可以支持刑事案件依然是越早请律师越好！

如果维持这个趋势不变的话，相信日后会有越来越多的刑事案件的当事人在审判前不被羁押或者不被长期羁押。由于羁押要折抵刑期，那么这部分原因（审前羁押导致的判决追认）造成的冤假错案量将明显减少。审判前未羁押，司法机关压力较小，为辩护律师后续争取当事人不起诉、免予刑事处罚等也创造了良好的条件。

因为法治进步、司法政策和司法实践的空间变大，刑事辩护的空间也相应变大了，刑事辩护大有可为，刑辩律师大有作为！

启示二　被逮捕后虽然继续申请取保候审或变更强制措施难度增加，但每年变更强制措施的绝对数量仍不在少数。

启示三　检察机关的不起诉案件总量较大，不起诉数量和不起诉率逐年上升，表3是检察机关这四年不起诉率的变化情况。

表3　2018—2021年不起诉率

2018—2021年不起诉率（精确到小数点后一位）	
年份	不起诉率（%）
2018	7.5
2019	2.2
2020	13.4
2021	16.6

其中2019年过低的不起诉率，可能跟当年最高人民检察院的工作报告中只统计了不构成犯罪或证据不足决定不起诉的情

形有关。作为刑辩律师，我们都知道在实践中存在为数不少的相对不起诉情形，即《刑事诉讼法》第一百七十七条第二款的规定："对于犯罪情节轻微，依照刑法规定不需要判处刑罚或者免除刑罚的，人民检察院可以作出不起诉决定。"如果将这部分统计进去，该年的不起诉数量应该更多，实际上总的不起诉率应该更高一些。

对于专业的刑辩律师或者是做过一定数量刑事案件的律师而言，从实践的角度，可以明显感受到，近几年检察机关对刑事案件的当事人作出不起诉决定，特别是对情节轻微的案件中的当事人作出相对不起诉决定的情况明显增多。实践中相对不起诉的案件数量要远大于法定不起诉或证据不足不起诉的案件数量。换句话说，检察机关的不起诉决定不再是"稀罕事"，难度也不再像前些年那样高，检察机关和办案人员对辩护律师的意见采纳也越来越多。随着法治的进步和"少捕慎诉慎押"刑事司法政策的推进以及刑事司法领域"案件繁简分流"、认罪认罚制度的深入实施，作为刑辩律师，我认为，日后实践中不起诉的适用可能会更加积极和灵活，特别是相对不起诉。**这从最高人民法院、最高人民检察院、公安部、国家安全部、司法部等五部门于2019年10月24日发布施行的《关于适用认罪认罚从宽制度的指导意见》的第30条中也可以找到依据：不起诉的适用。完善起诉裁量权，充分发挥不起诉的审前分流和过滤作用，逐步扩大相对不起诉在认罪认罚案件中的适用。对认**

罪认罚后没有争议，不需要判处刑罚的轻微刑事案件，人民检察院可以依法作出不起诉决定。人民检察院应当加强对案件量刑的预判，对其中可能判处免刑的轻微刑事案件，可以依法作出不起诉决定。

对认罪认罚后案件事实不清、证据不足的案件，应当依法作出不起诉决定。

对刑事案件的当事人而言，不管是哪一种不起诉，都不会留下犯罪记录，对其各方面影响都较小。相对于法院审判阶段万分之几的无罪判决率，辩护律师在检察院审查起诉阶段为当事人争取不起诉这种“无罪化处理”，从数据上看，其实是更明智和更容易的选择。我一贯认为，审前辩护远重要于庭审辩护，在难度上则是庭审辩护远大于审前辩护。打个比方就是，一个刑事案件到了最后的审判阶段，如同疾入骨髓、病到晚期，救治起来当然要难得多。作为辩护律师，将辩护工作提前做足做好，更有利于维护当事人的合法权益并争取最大化。

启示四　认罪认罚制度贯穿整个司法过程，辩护律师应深入研究、积极掌握和灵活运用。

这几年，要说刑事司法领域最火的话题之一，一定有认罪认罚制度。不论是实务界，还是学界、理论界，对这个制度都争论不休，叫好者有之、看衰者有之、反对者有之。尽管如此，认罪认罚制度这些年在司法实践当中，适用范围仍然越来越广泛、实施手段越来越完善、目标越来越清晰了。

从最高人民检察院每年的工作报告来看，已经开始出现“落实认罪认罚从宽制度”的专门部分。在每年各级人民检察院的不批捕案件中有相当数量的情况就是因为“犯罪嫌疑人认罪认罚”。从实践的角度来说，我们经常可以从刑事案件的案卷中看到检察机关不批准逮捕的类似理由就是“犯罪嫌疑人认罪认罚，无逮捕必要”；从制度层面，根据《人民检察院刑事诉讼规则》第一百四十条的规定，犯罪嫌疑人涉嫌的罪行较轻，且没有其他重大犯罪嫌疑，认罪认罚的，可以作出不批准逮捕或者不予逮捕的决定。在后续进行羁押必要性审查和不起诉的时候，认罪认罚，也是很多案件绕不过去和必须要考虑的因素。具体可详见《人民检察院刑事诉讼规则》。我们甚至可以说，这几年实践中相对不起诉数量的增加，跟认罪认罚制度的深入实施有着密切的关系。因为根据《刑事诉讼法》第十五条的规定，犯罪嫌疑人、被告人自愿如实供述自己的罪行，承认指控的犯罪事实，愿意接受处罚的，可以依法从宽处理。那么，在处理结果上，相对不起诉当然应该是很好的一个选择，这样有利于分化、瓦解、精准打击犯罪和犯罪分子，有利于刑事司法领域的“案件繁简分流”、减轻司法机关的负担和节约司法资源；对于轻罪案件不起诉，当事人不用留下犯罪记录影响生活，也有利于这些当事人更好地为社会创造价值。可谓一举多得。

作为实务工作者，辩护律师要深入研究相关规定和实践情况，对于符合认罪认罚条件的刑事案件和当事人，要从维护和争取最大化他们合法权益的角度，给出合适的建议，并有针对性地开展工作。

启示五 检察机关和办案人员依法独立、公正办案越来越得到制度保障，专业律师专业辩护的价值更加凸显。

首先，我们先来讲讲，防止干预司法“三个规定”是哪三个规定和主要内容。

分别是：《领导干部干预司法活动、插手具体案件处理的记录、通报和责任追究规定》

《司法机关内部人员过问案件的记录和责任追究规定》

《关于进一步规范司法人员与当事人、律师、特殊关系人、中介组织接触交往行为的若干规定》

这几个规定，网上都搜索得到全文，主要内容就是题目所言，目的就在于更加明确和有力地保障司法机关和办案人员依法独立、公正办案，防止权力案、人情案、关系案、金钱案等。

我试着摘录少部分原文如下：

《领导干部干预司法活动、插手具体案件处理的记录、通报和责任追究规定》

第四条 司法机关依法独立公正行使职权，不得执行任何领导干部违反法定职责或法定程序、有碍司法公正的要求。

第五条 对领导干部干预司法活动、插手具体案件处理的情况，司法人员应当全面、如实记录，做到全程留痕，有据可查。

以组织名义向司法机关发文发函对案件处理提出要求的，或者领导干部身边工作人员、亲属干预司法活动、插手具体案件处理的，司法人员均应当如实记录并留存相关材料。

第八条　领导干部有下列行为之一的，属于违法干预司法活动，党委政法委按程序报经批准后予以通报，必要时可以向社会公开：

（一）在线索核查、立案、侦查、审查起诉、审判、执行等环节为案件当事人请托说情的；

（二）要求办案人员或办案单位负责人私下会见案件当事人或其辩护人、诉讼代理人、近亲属以及其他与案件有利害关系的人的；

（三）授意、纵容身边工作人员或者亲属为案件当事人请托说情的；

（四）为了地方利益或者部门利益，以听取汇报、开协调会、发文件等形式，超越职权对案件处理提出倾向性意见或者具体要求的；

（五）其他违法干预司法活动、妨碍司法公正的行为。

第九条　领导干部有本规定第八条所列行为之一，造成后果或者恶劣影响的，依照《中国共产党纪律处分条例》、《行政机关公务员处分条例》、《检察人员纪律处分条例（试行）》、

《人民法院工作人员处分条例》、《中国人民解放军纪律条令》等规定给予纪律处分；造成冤假错案或者其他严重后果，构成犯罪的，依法追究刑事责任。

领导干部对司法人员进行打击报复的，依照《中国共产党纪律处分条例》、《行政机关公务员处分条例》、《检察人员纪律处分条例（试行）》、《人民法院工作人员处分条例》、《中国人民解放军纪律条令》等规定给予纪律处分；构成犯罪的，依法追究刑事责任。

我们从最高人民检察院的工作报告中可以看到，这几年，这项制度不但落地而且深入落地实施，越来越多的违规干预、过问案件办理、妨害司法公正的情况被记录在案。

这几年记录报告数量在明显上升，一方面说明这种现象在实践中仍然不少，另一方面说明既然最高人民检察院能够有效统计并公布出来，证明这项制度落到了实处，实践当中越来越多的违规干预、过问案件办理、妨害司法公正的情况被记录在案。如果有一天案件出了问题，要追查责任人或者核查案件有无问题的时候，这些都是现成的证据。这是对于那些企图违规干预、过问司法机关办案、妨害司法公正的人的一大制度震慑。

从另外一层意义上来讲，既然制度上要求司法人员对违规干预、过问案件办理情况予以全面如实记录，留下书面凭据，那么实际上对于一些案件而言，如果当事人和家属企图去找关系活动、找领导打招呼，可能会适得其反。因为如果这样的案件最后从宽处理了，那么作为案件承办人则难免有“瓜田李下”的嫌疑，留下了违法和不够公正的嫌疑，从人性的角度来讲，为了自我保护和自我撇清，对这样的案件依法从严处理，也许才是相对安全的做法。

从我经办和耳闻目睹的实际案例来看，就有不少这样的情况。

所以，在刑事案件中，那些司法掮客和腐败分子的空间越来越小，随着法治的进步与完善，他们将越来越少而终将消失。对律师而言，要扎扎实实进行专业化辩护，不要企图通过其他手段去违规干预司法机关和办案人员依法办案才是正途，也是最安全和最有用的道路。

可以说，这个时候比任何时候都需要专业律师和专业辩护。

启示六　刑事案件的数量并没有显著下降，表4是检察机关这四年起诉和不起诉的人数总量。

表4　2018—2021年检察机关起诉和不起诉人数总量

2018—2021年检察机关起诉和不起诉人数总量	
年份	检察机关起诉和不起诉人数总量（人）
2018	1829816
2019	1860217
2020	1815971
2021	2096962

需要特别说明的是，由于公安部门对其每年刑事立案、撤销案件或终止侦查的案件并没有公布具体数量，所以实际上每年的刑事案件总数量应该大于上面检察机关起诉和不起诉的案件数。相信办过一定数量刑事案件的律师，都遇到过公安机关撤销案件或终止侦查的案例，这一部分案件到公安侦查阶段就终结了，不会送往检察院。检察院自然也不会统计。

我们再看上面的数据。近几年每年都在180万人以上，除了2020年略有下降，基本上是上升状态，2021年超过了200万人。

从这样一个庞大的数据来看，我们显然不能得出刑事辩护市场萎缩的结论。

这么多数量的犯罪嫌疑人和被告人，需不需要律师来辩护？当然需要。

更何况，法治在进步，司法政策和司法实践的空间在变大，辩护的空间当然也随之变大，律师的专业价值更容易得到各方认可。如果法治退步、司法政策和司法实践的空间变小，毫无疑问，那根本就没有律师存在和进行辩护的空间。律师人数的增加无疑和法治环境好有很大关系。

有人说自从认罪认罚制度推行之后，委托律师辩护的数量减少了，因为既然当事人都认罪认罚了，认罪认罚就可以从宽了，还要律师干什么呢？

其实这也是一大误区。认罪认罚制度既然为《刑事诉讼法》和一系列配套规定所明确，那么本身认罪认罚就具有较强的专业性、技巧性和协商谈判性，律师作为专业人士，在这方面显然具有无可替代的优势。

真正值得担忧和警惕的是，实践中有很多律师对认罪认罚制度的研究不深入，对司法规律和相关规定把握不准确，甚至人云亦云、简单地以为认罪认罚即可从宽处理，缺乏精细化辩护。比如，案件是否和能否适用认罪认罚、证据有无问题、事实有无问题、认罪认罚的时机、认罪认罚的尺度与界限、认罪认罚的协商与量刑的精准、财产刑的适度等问题，都需要律师的深入研究和精准辩护。总而言之，我认为认罪认罚案件辩护的技术含量高得很。

毕竟，哪里都需要专家。说刑事辩护市场萎缩的观点从某种层面来讲也算正确，因为随着刑事辩护的精细化和专业化要求越来越高，不负责不专业的律师的市场的确是会越来越萎缩的。

第三部分

杂感与杂记

飞越人生的巴颜喀拉山
——读陈行甲人生笔记有感

当你看完一本书的第一页，就直呼精彩，忍不住想一口气看完。读着读着，又想放慢速度，担心读完了再难找到一本这样的书；当终于读完，你带一点失落，好像刚刚经历完一段人生。如果读完一本书让你有这种感触，毫无疑问，这就是好书了。

这样的书是少数，能获得这样的阅读体验也非常珍贵。

春节在家，闲来无事，我花数日读完了“甲哥”——陈行甲的新书——《在峡江的转弯处：陈行甲人生笔记》，获得了许久未有的畅快的阅读体验。

这本书的内容和沈复的《浮生六记》有点像，不同的是，《浮生六记》读来略有伤感和忧哀之气，而陈行甲的新书整本书读下来，充满理想主义之光，激情、正直、真诚、美好、善良、好奇、思索贯穿全篇。虽然作者已届知天命之年，却全无岁月带来的衰朽之气，反而心潮澎湃、充满干劲与奋斗。这大概就是古人说的“如保赤子”，甲哥是一名理想主义者，理想主义者永远年轻，赤子之心是不会老的。

书一共分为七部分，可称为“人生七记”，我个人总结为“母亲篇”“爱情篇”“基层干事篇”“清华求学篇”“美国学习生活篇”“巴东县委书记篇”“公益篇”。

这七篇可以说是作者的“编年史”。不得不说，甲哥有一位好母亲和一位好妻子。这两位，可谓他生命中最重要的两个人，他的母亲虽然走得早，但给甲哥留下了一生享用不尽的精神财富。甲哥的妻子，是他大学时候的同学（说起来我们仨都是校友，我们都毕业于湖北大学），名字中有一个霞字。坦率地说，甲哥身上最大的本色其实是泥土气息，那种朴实无华的风格从未变过。作为湖北小县城小山村来的小伙子，甲哥当时根本不敢奢望能跟在省城的霞展开一段爱恋。虽然他也很喜欢霞，但只是作为众多仰慕者之一，默默喜欢她而已。后来幸亏他的一位室友兼好兄弟（给他的新书写序的那位），他跟霞的故事才慢慢有了转机。不过并非一帆风顺，毕业后，甲哥回了县城，扎根基层，霞则去了改革开放的最前沿——广东。两人天各一方，刚开始还通过写信遥寄相思，中途也一度经历分手、失恋。后来，还是爱情的力量，让霞放弃了广东地区优越的前途回到小县城跟甲哥结婚，那真是当地一桩热闹的新闻——大城市的姑娘头一回嫁到小县城。毫无疑问，他们的爱情相当完美，甚至有些曲折动人，他们的婚姻也相当成功。我说的相当成功是指——两个人能相互理解、相互担待、相互促进、相互依靠、相互扶持、相互弥补。用甲哥的原话来说就是：他感性，霞理性。也许可以说，甲哥的人生没有母亲就没有颜色，没有他的妻，他的人生不会如此多彩，甚至不会那么有深度和广度。作为曾经的官场中人，跟潜规则有些格格不入的甲哥，为了扭转很多歪风邪气，做了很多事，碰了很多次壁，导致一度患上重度抑郁症，生不如死。是他的妻子霞陪他完整走过这段艰难的岁月。当甲哥在巴东向腐败分子宣战时，霞给了他鼎力的支持，让他能够放手一搏、无忧无虑地去做事。读到这一篇时，我脑中想起了两句话，最美的霞、最贤的妻。有爱如此，人生何求。不过话说回来，人不可爱，谁人爱之？爱，让人生更滋润、更丰满、也更坚强。

“基层干事篇”则描绘了甲哥在基层的一些工作内容。篇幅不长，是作者从政后早期的一些事迹。对于年轻人来讲，浮躁是普遍的毛病。想早日飞黄腾达、想早日出人头地、想早日成名成角，难的是脚踏实地。甲哥真的是做到了踏实二字。紧紧扎根基层、踏实做事，生活并没有亏待他，给了他丰厚的回报。他年纪轻轻就担任着一把手的职位，解决了很多大事——这并不完全因为他的大学生身份，而是他一步一步干出来的，进而获得了组织的信任、领导的肯定、同事和群众的拥护。一句话，这是他踏实工作、真诚为人、善良为官的自然结果。生活并不会亏待每一个认真和努力的人。

“清华求学篇”“美国学习生活篇”令人耳目一新，甲哥的本科是湖北大学，参加工作九年后，由于骨子里的不甘心，又发奋读了清华大学的研究生。值得一提的是，由于甲哥的英语底子薄，在清华的那段日子里，只得拼命学习、加紧追赶，甚至报了培训班，还是难度最高的那种，虽然学得很吃力，但仍然有收获——这种收获也体现在后来甲哥回到湖北因为英语好被省委选派赴美留学。当然，清华本身对甲哥的锻炼，无论是思维方式、习惯（或者说习惯性优秀），还是做事的方式和水准都是革命性、烙印性的。人生的路，没有白走一说，每一步都算数。努力了，就一定有收获。

“巴东县委书记篇”在全书显得与众不同，无论是篇幅还是刻画的深度都远超前面几篇。甲哥曾获得过全国优秀县委书记的荣誉称号（非常稀有，上一次评选还是在二十年前），时任巴东县委书记。不得不说，在巴东任县委书记的五年多应该是甲哥一生中最惊险、最难做、最难忘、最紧张、最繁忙的时候。当时组织选派甲哥赴巴东担任县委书记的原因是：当地社会生态出了问题，需要外派干部改变。未去巴东之前，甲哥对此感受不深，到巴东之后，方知此地凶险。初到巴东他发现此地民风暴戾刁钻，老百姓心中充满怨气、愤恨、不信任。经过频繁的调研和思索，他才知道症结——是干群关系出了问题，干部队伍有问题。干部队伍有什么问题？最严重的问题是贪腐。贪腐像毛细血管一样，深入巴东的大街小巷。作为国家级贫困县的巴东，境内人口约五十万，贫困人口就有十多万，穷到什么地步？按照书中所载，用家徒四壁来形容都不贴切，有的贫困家庭甚至连四壁都没有。就是在这样的地方，作为普通公务员的巴东前任县委书记竟然在北京二环内购置了两套房产；当地行贿受贿单笔都是几十万元几十万元地送和收！可以想见，这样的地方的干群关系如何不出问题！事实上那几年也的确是巴东在全国出恶名的时候。甲哥后来得出结论，巴东年年出恶性事件，不是偶然，而是必然。干部大量地贪腐，骑在群众头上作威作福，不出事才怪。

他在当地做了很多努力。包括反腐正风（除了严打贪污腐败行为和贪腐分子，他还创造性地在当地委托第三方机构开展群众评价干部，并以此作为政务考核的依据）、推广互联网+（尤为值得一提是他创新的办事原则“限时办结、超时默认”，很快令当地政风一变）、大修道路，以及身先士卒，用MV推广巴东的旅游业。

反腐正风，他亲手就把当地八十多名有头有脸的人物送进监狱，包括几位县领导，以及一些不法商人。当然，腐败分子的反扑也是十分厉害。可以说，看甲哥的书，能够非常生动地感受到“反腐是一场生死存亡的斗争”。

反腐正风的效果也是极为明显的。到他任期后期，巴东当地民风迎来了一百八十度的扭转，干群关系变得非常融洽。一个典型的例证是，他任内巴东又出了一个轰动全国的事件，但仅仅两天就处理完毕，并未酿成恶性事件。

这里面甲哥的个人表率作用非常重要。在巴东的那几年，为了打击和防范贪腐，他甚至到了不近人情的地步。比如，干部给他拜年，人家大老远去了，他连面都不见，连年货腊蹄子也没收就让人家灰溜溜地回去了。这不是不近人情吗？不过，矫枉必须过正，不过正不能矫枉。他的不近人情，换来了巴东全县上下的政通人和、风清气正。

他为了发展当地经济所做的几件事，则真正让他成了网红书记。不仅主流媒体不停报道，在网上也是网友们热议的话题。毕竟，好风气也要，好日子也要。

本来他的任期届满，组织上有意提拔他，按照他的年龄，仕途也大有可为。结果又让众人惊愕——按照他的好兄弟肖立的说法，陈行甲是个“奇葩”——他辞官南下，做起了公益。他的说法是，45岁以前是人生的上半场，他的上半场已经完了，做得也不错了，他要重新开始自己的下半场。用书的封面上的那句话说：他的人生之路，远看是前行，近看是归乡。是的，他不过是回归到了自己的心灵之乡而已。

做公益让甲哥也认识了很多优秀的人。包括中兴公司的董事长和诗人北岛。这些人从物质和精神上给了他太多帮助。他们之前并无交集，甚至可以说，这些人是甲哥之前仰望的对象。也许，优秀的人总能相遇，你越优秀，你遇到的人也越优秀。

甲哥在书的前言部分说：我们那一代人都是草根。的确，他们那一代人很多都是无背景、无权势、无富贵，以低得不能再低的姿态出发，心怀理想，选择自己所相信的东西，完整地穿行于整个改革开放和思想解放的时代，与社会贴身“肉搏”，和生活永不苟且。哪怕经历那么多失败和痛苦，哪怕终究没有在时代里富和贵起来，但是，依然高贵、依然独立、依然努力地活成自己喜欢的样子。

巴颜喀拉山是长江和黄河的分水岭。甲哥在书中以此为喻，把清华读研的岁月比作自己人生重要的分水岭。读完甲哥的书，回顾甲哥的半生，作为实实在在、地地道道的草根的甲哥，他是如何从一个山村少年一步一步走向更大的世界的呢？归根结底还是态度、见识、格局。

他做人做事都是踏踏实实的，并不浮躁，这样的态度让他安心面对生活的波澜，安稳进行人生的沉淀，默默耕耘和播种，他的人生之路因此越走越宽。

他一刻也没有放弃努力和奋斗，一刻也没有放弃学习和思考，这就是见识和格局了。虽然他扎根基层多年，却并没有将自己的眼光局限在那个小县城之中，反而注意观察、狠狠努力，凭借自己的不甘心和顽强的意志，竟然考上了清华大学的研究生，后来还凭此（包括在清华读书期间英语水平的突进）公派出国留学。可以说，他的人生，他人生每一步，都是草根改命的教科书式的存在。

当然，我们仍然得感谢这个时代，是时代给了他机会，脱离时代来谈人，是不现实的。从他的一步步人生升级之路可以看出，今天的确是一个有希望，值得奋斗的时代。

最后，我郑重地再次推荐此书。这是一个理想主义者的热情剖白，也是一名奋斗者的真诚自述。作为活着的理想主义者，一个人生之路成绩可圈可点的人，他堪称理想主义者的典范。也许，还是我们芸芸众生的榜样。看了他的书你会明白和感受到一种力量：即便“草根”如此，也要旺盛生长。

五四说青年

1. 青年首先是一种状态和气质，非指年龄。这种状态和气质包含奋斗与搏争、独立与自主、开放与进步、不甘平庸与懦弱。

2. 青年的面貌是朝气蓬勃的、昂首阔步的、激情澎湃的，而绝不是相反。世人慌忙，只为碎银数两。青年不忧惧，明日必属我。

3. 青年不贪图安逸，不追求过度享受，不以沾染不良习气为成熟的标志。青年的标志，是有理想和志气。

4. 青年的习惯里一定有好奇和幻想。对人间无好奇、无幻想，则无探索，无探索，不过因循而已。因循者，与老年无异。朝阳不可与夕阳同光。

5. 青年当有诗人的浪漫、哲人的深刻、文学家的悲悯和革命者的热情，追求成为一个更好和更强大的个体。

6. 青年最不怕失败，最不怕挑战，最不怕重头再来。虽屡战屡败，而勇气不挫；纵跌落谷底，仍不忘崛起。他们始终信奉：那些杀不死你的，将会使你更强大。

7.青年啊！不必羡慕年长者的财富、名望和地位。因为他们拥有的，我们终将拥有。而我们拥有的，他们永不再有。

8.青年啊！作唯一重要的选择，便是相信自己。听从己心，立人达人。

9.青年必有孤独。无孤独不青年，无成长不青年。世界上没有一模一样的成长，也没有一模一样的成长道路。

10.青年是一束花，一束光，所有灿烂与光华，都在此时；所有荣耀与伟大，从此兹始。

我们该如何做律师

2020年，原海南高院副院长张家慧犯受贿罪、行政枉法裁判罪、诈骗罪被判处有期徒刑十八年，并处罚金四百万元。

尤其令人咋舌的是，在众多的行贿者名单中，出现了十多名律师（一说是二十多名）。据说，这些律师很多都是有头有脸有众多显赫头衔的律师。

照说不管法官也好，律师也罢，都是学法之人，本来就是法律共同体——或称其为“法律人”，应当奉公守法，秉持法律之神圣庄严，行公义、善良、正直之事。不承想法律已经沦为他们弄权敛财、蝇营狗苟的工具。

与其他滥用权力之人相比，利用法律滥权的损害要大得多。这样一来损害法律之神圣庄严，二来败坏社会风气，三来直接让人们经受不公平的待遇——而这种不公平还是法律所明确否定的。

实在是可耻可恨可恶。

作为律师，当我看到行贿者的名单中出现十几名律师时，我还是比较震惊的；当我看到这十几名律师还都有一定身份地位时，我就有点不淡定了。聚光灯下，光彩照人；背过身去，另有一套。

多年以前，当我初入律师行业的时候，有位老律师曾经教我律师之道：做律师最重要的不是专业，而是关系，你做得多好不重要，重要的是当事人觉得你做得好就行了，我们是一个服务行业，当事人的感觉很重要。

很长一段时间我都很认可这一番“律师之道”，以及这一番“律师之道”衍生出来的“包装论”——律师要善于包装，不仅是外在形象包装，包括豪装、豪车、豪宅等，还包括头衔包装、履历包装，要把自己的社会头衔搞得多多的，要把自己的履历搞得厚厚的。一句话，你行不行不重要，重要的是要让当事人觉得你行，觉得你厉害就行。

直到做律师越来越久，我慢慢对此产生怀疑。

律师行业的确属于服务行业，律师用自己的法律知识、法律智慧帮助自己的当事人、服务自己的当事人。所以从表面上看，这一番“律师之道”“包装论”没有什么问题。但是深入地想一想，似乎还欠缺点什么。欠缺点什么呢？我们虽然是服务行业，但是我们是法律服务行业。虽然服务的对象是人，但我们这个行业的特殊性在于——我们要用法律来服务人。法律本身的特殊性决定了行业的特殊性。这就是说我们跟其他的普通服务行业不一样。一句话，作为律师，我们要用法律的真理、正直、善良、公义这些人世间最美好的价值与期待来帮助我们的当事人。而绝不是相反。

“张家慧们”，以及“张家慧们”背后的律师破坏了什么？不光是破坏了法律，还破坏了人世间最美好的价值与期待。

我们该如何做律师呢？如果只是做一个让当事人“感觉”厉害、一味钻营的律师，这样无疑得不到人们的尊敬。

有句话叫，不要因为走得太远，而忘了我们为什么出发。

我们该如何做律师呢？

律师首先是能解决问题的人，能帮助当事人解决麻烦的人。当当事人来求助律师的时候，他们往往都遇到了不小的麻烦或者说遇到了自己解决不了的麻烦，这时候律师如果不能解决他们的麻烦，当事人会立马掉头而去。律师们也就不能养活自己，行业也无法为继。所以律师首先应当是专家，能解决问题的专家，是拥有专业能力的人。律师只有拥有出众的专业能力并成为问题解决专家才会得到人们内心真正的认可。那些认为律师行业靠“好的服务感觉”，靠“社会关系”来获得人们认可的观念，无疑是陈旧的、过时的、错误的。

其次，律师应当是有底线、讲原则的人。律师跟讼师的相同之处就是他们都精通法律；律师跟讼师根本的不同就是律师有原则有底线，而讼师没有。律师的原则和底线是什么？是法律。法律中有很多禁止性规定。所谓禁止性规定就是不能“灵活处理”的规定，就是绝对不能违反的规定。比如，在刑事案件中律师不能承诺结果，律师不能弄虚作假，不能行贿法官或以其他不正当手段影响案件办理。真正的律师应当既能灵活利用法律来解决当事人的麻烦与问题，又必须遵守法律的“条条框框”而不能跳出这个“条条框框”。一个律师，只有讲底线讲原则，才会得到人们的尊敬。毫无底线、毫无原则，只会让人们嗤之以鼻。

最后，律师应当是一个独立的人，一个有独立人格的知识分子，能为当事人独立分析情况、给出建议，也能为社会提供独立见解。律师的最大价值在于独立性，没有独立性就没有独立的判断，没有独立的判断就难以保证分析和见解具有价值。如果律师们一味追逐金钱、物质，放任贪欲吞噬自己，最后只会与讼师无异。“张家慧们”以及“张家慧们”背后的律师之所以为人所鄙夷，就是因为他们完全丧失掉了独立性，他们完全被利益所圈困。一个有独立性的律师，才是真正的律师。

所以，如果我们一味追逐“高大上的包装”“显赫靓丽的头衔”，这些真的能为当事人解决问题，真的能有助于提供有价值的见解和分析，乃至真的能由衷赢得社会的尊敬和做一个真正的律师吗？当一个人越来越浮夸的时候，他也就越来越没有真切实在的内里。

我们该如何做律师？子曰：“文质彬彬，然后君子。”我们应该做一个内外兼修的人，一个这样的律师。

努力的意义何在

有一年冬天，我提前和看守所预约好时间，第二天放弃睡懒觉的机会，大早上到看守所会见当事人。

我提前到了看守所，前面还有人在会见，我等了约半小时，连接上视频会见设备。

我在屏幕中看见当事人不甚清晰的面容，听到的声音断断续续，最后我听不到任何声音了。

我不停地关了设备重启、找看守所反映情况，却被告知是设备技术性问题，一时半会修不好，让我下周再来。

我看得到屏幕中的当事人，他不断开口说话，我也不断开口说话。然后我们互相摇摇头还是听不见彼此的声音。

又努力半天，还是没办法。一上午就这么浪费了——到达看守所花了近一个小时，会见等了半个小时，聊了不到两分钟，因为设备问题调试了半小时。

最后视频里的当事人被带走了，在我懊恼地低下头的那一瞬间，他就不见了。

我只得折返。

这就是刑辩律师的日常。常常努力，常常失败。屡战屡败，屡败屡战，可能十次胜个一两次，至多三五次。再大牌的律师也是输多赢少。

也就是说，很多时候，刑辩律师的努力并不能换来一个好结果，往往是铩羽而归、无功而返。

刑辩律师某种程度上有点像希腊神话中的西西弗斯——推着巨石上山，然后巨石在即将登顶的时候落下。

但是为什么西西弗斯还是令人敬佩呢？人们还是要努力、要奋斗呢？因为即便努力过后仍可能一无所有、一无所获，至少我们在努力的那一刻，命运掌握在自己手里，至少努力过后，我们不会后悔。

后悔，是因为没有尝试和体会。

人生如此，刑辩律师的工作也是如此。

良心重于利益
——一桩刑事案件的花絮

这两天又有一位家属在紧张慌乱之中找到我，他的亲人被刑事拘留了。

他跟许多家属一样带给我大量真假未知的信息。

我一一给他分析，并给出了诸多建议。他认为我很专业，当即便要委托我。

他问我需要多少律师费用。基于我的收费标准以及他提供给我的大量信息，我认为本案案情可能相对重大疑难复杂，然后我报了一个不低的律师费用。

他们家家境普通，家属却坚持要委托我，刑事案件又一刻都耽误不得，为了不耽误案件的办理，于是决定先委托我做一部分工作。

我到看守所会见后，经过和当事人详细地会谈，了解到本案可能并没有之前家属告诉我的那般重大疑难复杂。当事人对我说："蔡律师，我的确需要律师。但是我们家家庭条件确实一般，不像别人家大业大请律师不在乎费用，如果请律师太贵了，要不就算了吧，大不了我在里面待着！”

我回答他说：“费用问题你不用过于担心，我们律师主要是根据案件的重大疑难复杂程度来收费的。出去以后我会跟您亲属商量的，确定一个合理的收费，如果确实费用筹措有问题，我可以推荐其他更合适的律师来办您的案子。”

从看守所出来后，我决定如实告知家属本案的基本情况，并主动降低后期收费。

我对家属说：“这样吧，既然案件没有你们之前了解得那么复杂，如果你们继续请我，可以按照我们之前谈的减少三分之一的律师费。当然，如果你们仍然认为律师费用过高，我可以推荐其他更合适的律师。”

家属坚持请我，并要求尽快签订后面的合同。

后来，家属担心我降低收费会降低服务水准，又专门给我发了消息。我的回复如下图。

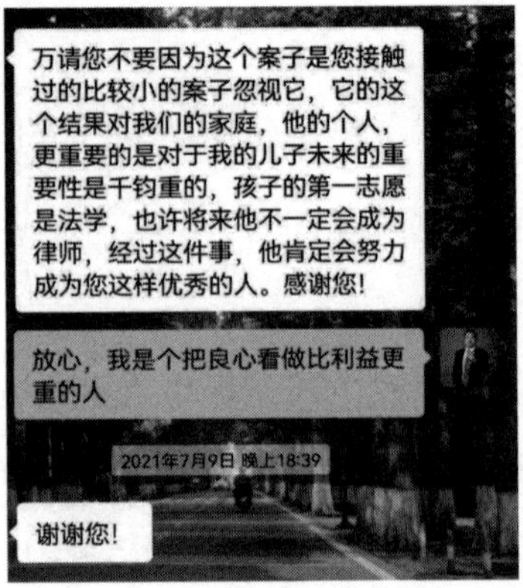

基于刑事案件的特殊性（高度的不透明性、家属获取的各种信息有限、专业的刑辩律师太少等）常常有人（不一定是律师）以此欺骗家属、诈取钱财。我也爱财，但我不爱不义之财。不义之财于我如浮云。同时，我一贯认为刑辩是个良心活，利益只是一时的事，而良心是一辈子的事。

一时的快感不如一辈子的安心。良心重于利益。

刑辩，一生的事业

自从选择做刑辩律师以来，我到过和路过许多城市。这些城市我大多匆匆而来，又匆匆而返，我的目标只有一个——我的当事人。

我看到越来越趋同的高铁站和城市，就如同越来越趋同的人一样。

如果不看手头的火车票和仔细听报站，你可能很难知道自己到了哪里。如果不是因为工作到了那个城市，你还真不好分辨和确定这就是目的地——面前都是一样匆匆的脚步，一样精致的妆容和服饰，一样越来越多的高楼大厦，一样低头的“手机族”（包括我自己）。

世界和人都变得如此模糊和不好区分。

最容易区分的也许还是时间——看着手机上显示的时间从上午到下午，再到晚上。日历不断翻页，然后又到了新的月份——最后终于要换一本新的。即便偶然想起一件事和某个人，发觉已是很久以前了。

当然，还有被越来越多人关注的发际线——有时候自己也忍不住摸摸头，还好，还没秃。证明还不够“聪明绝顶”，提升空间还有很大嘛。

时间以浑然不觉的方式让一件事变成故事，让未来变成现在，让现在变成过去，让一个人变成另外一个人。

东坡诗云：“人生到处知何似，应似飞鸿踏雪泥；泥上偶然留指爪，鸿飞那复计东西。”

人生在世，如果想要在岁月里留下些什么，或者不让生命留遗憾的话，确定一份终生事业，然后一路奋力向前，是不错的选择。让生命在激流中奋斗，在奋斗中伟大，在伟大中抵抗时间的悄无声息，让时间为你改变。

刑辩，就是我一生的事业。是值得和应该用一生去奋斗的事业。

如果说律师是一个需要动脑、动心、动腿的“三动”职业的话，那么刑辩律师则尤其需要“三勤”——脑勤、心勤、腿勤。刑辩律师相比普通律师，需要更多地绞尽脑汁、更多的责任心、更多的跑腿工作。只有做到这三点，才可能获得一点点希望、一点点安慰，乃至一点点成功。最重要的是，在多年以后，你良心上还能过得去——你作为刑辩律师，尽力保护过人最重要的生命、自由和权利，没有辱没这一伟大而光荣的称号。

即便我们不上升到良心和信仰的高度，干刑辩本身也是个辛苦甚至有点痛苦的差事，只有用一生才可能稀释掉这种辛苦，只有终生奋斗方能让你忘却此中的痛苦。

也只有时间足够长，成功这种小概率事件才会降临到你身上。

我想，所有的事业都是如此。

司法环境的核心是人，是人影响人

今天到外地某县法院开庭，是因为一件非法集资的案件，在当地影响很大。不料开庭中间出了个插曲——公诉人当庭申请补充侦查——虽然之前在检察院审查起诉阶段已经两次退回补充侦查了。

法官于是宣布休庭合议。

过了一会，法官来了。同意了公诉人的申请，然后又说了一句，本案后续可能提级到中级人民法院审理。

我跟法官交流，法官问我的意见，我说我完全同意提级审理，这样更有利于本案的公正审理。

法官说："这个案件争议焦点很大，也的确有很多问题，在当地社会影响也很重大。"

我说："是啊，这个案子要是在当地审理，你们法院会承受很大的压力。提级中院确实是更明智的选择。"

法官温厚地看着我，我们针对案件又聊了很多。

毫无疑问，这是一位有良心又认真负责的好法官。

我以前有很多偏见，认为城市越大司法环境越好，相应地，司法人员的素质越高。还认为年龄大的司法工作者各方面都不如年轻的，认为年轻一代司法人员的综合素养高、专业能力强等。

后来到各地出差办案渐多，大中小城市都去过了，我才发现情况并非如此。

其实无论是检察官还是法官抑或律师，大家都是法律工作者，水平虽然有高低，但不会说差距到无法弥补，而且差距也完全可以弥补。只是由于法律是一门社会学，有时候在实践当中处理起来会有一定的走形而已。

举一个例子。

我每次工作和办案必穿正装、开庭必穿律师袍。我曾到某县检察院找检察官沟通案件，前后去了多次，刚开始那位检察官都是穿着随意。后来我发现，随着我去的次数多了，这位检察官开始穿工作装了，至少在接待我时穿工作装。而且姿态也比之前要正式和庄重很多。每次去还给我端茶倒水，招呼我坐下，搞得我受宠若惊。

再说回那个案件，开庭前我跟法官沟通了一下，初步指出了一些案件存在的问题，包括不少专业人士也难以质证的鉴定意见中存在的问题。法官后来说："蔡律师你讲得对哦，你不讲，我们一般看鉴定意见就看个结论，根本不会看其他的。但你提的关于鉴定意见的问题确实是有，鉴定的前提就有问题，这倒提醒了我们。"

我们经常讲司法环境，其实司法环境就是我们每一个人。司法环境并不是什么虚无缥缈、远在天边的东西，司法环境由每一位律师、每一位检察官、每一位法官和其他司法工作者组成。人影响人，人影响环境，人改变环境。当人人都尊重法律和自己的职业，当人人都执事以敬，司法环境自然就会很好。与大城市和小城市、年轻人和年长者，关联不大。

一个有问题的案件，不能仅靠律师一方指出问题所在。但是，律师作为法律工作者，一定要将自己该做的事全都做到位而不留遗憾，通过自己的一言一行、一举一动，通过自己的专业能力和努力，通过对案件扎实而深入的研究，通过自己认真负责的态度，乃至通过职业的装束去影响所有的人。如果这时结果还是不理想，我们才可以说，的确是运气不佳，我们改变不了环境。

没有做最大努力和尽全力之前，先不要说“无用”二字。

几首诗词

偶然想起冰心先生的几首小诗，反其意作之

《墙角的花》

墙角的花
盛开吧！
当你盛开时
天地便不以为大

《武汉樱花》

不需要太多凭说
也没有赫赫寄托
你生在春天随万物复苏
春天是万种风情

你是风情万种

《江滩芦苇》

汉口江滩
不羁的风
快速穿越身体的每个毛孔
豪爽的让人忘掉一半夜晚
江滩之下
是被风梳过的芦苇
在江水涛涛的季节向着天空生长
把江水踩在脚底
它们在春天相继死去
于夏天和秋天的躁动中慢慢恢复
丝毫引不起旁人的过分关注
只是暗中积蓄
积蓄力量
积蓄美
积蓄生命中所有的未敢辜负
然后盛装等待
迎接整个冬季的倾城而出

《三行情诗》

世间窃贼千万
唯你一人
偷取我心

如果人生是无期徒刑
只有你
让我不想减刑

遇见你
才是最完美的法

即使明知爱情是一场无可挽回的犯罪
我还会不计后果的实施

我想请你当我的法官
对我终生裁判

作者推荐书单

1.王亚林著:《精细化辩护：标准流程与文书写作》，法律出版社2020年版

2.陈亮著:《攻防之道：刑事诉讼控辩攻略与技巧》，法律出版社2019年版

3.娄秋琴著:《常见刑事案件辩护要点》，北京大学出版社2021年版

4.徐宗新著:《刑事辩护实务操作技能与执业风险防范》，法律出版社2018年版

5.徐宗新，李永红等人编著:《辩护人认为：刑事辩护观点的挖掘、提炼与运用》(第一辑)，法律出版社2013年版

6.徐宗新，李永红等人编著:《辩护人认为：刑事辩护观点的挖掘、提炼与运用》(第二辑)，法律出版社2017年版

7.徐宗新，李永红等人编著:《辩护人认为：刑事辩护观点的挖掘、提炼与运用》(第三辑)，法律出版社2019年版

8. 徐宗新，李永红等人编著:《辩护人认为：刑事辩护观点的挖掘、提炼与运用》(第四辑)，法律出版社2023年版

9. 徐宗新等著:《刑事辩护全流程质量控制与十项技能解析》，法律出版社2022年版

10. 姚海华主编:《刑事实务：办案技能与疑难解析》，中国法制出版社2017年版

11. 赖建东著:《全流程辩护：思路指引与办案技巧》，法律出版社2020年版

12. 赖建东著:《全方位质证：思路指引与办案技巧》，法律出版社2022年版

13. 钱列阳著:《三思而行：钱律师与青年刑辩律师的交谈》，法律出版社2015年版

14. 杜均品、于丽玲著:《刑事辩护参考》，东南大学出版社2016年版

15. 王永杰著:《刑事辩护的艺术：无罪辩护经验谈》，中国法制出版社2015年版

16. 田文昌、陈瑞华著:《刑事辩护的中国经验：田文昌、陈瑞华对话录》，北京大学出版社2013年版

17. 陈瑞华著:《刑事辩护的艺术》，北京大学出版社2018年版

18. 朱明勇著:《无罪辩护》，清华大学出版社2015年版

19. 朱明勇著：《刑辩私塾》，清华大学出版社2021年版

20. 徐昕著：《无罪辩护：为自由和正义呐喊》，清华大学出版社2019年版

21. 徐昕、肖之娥著：《证据辩护》，法律出版社2023年版

22. 广东宋氏律师事务所著：《我是一名刑辩律师》，广东人民出版社2020年版

23. 刘静坤编著：《刑事诉讼法注释书》，中国民主法制出版社2022年版

24. 人民法院出版社编：《最高人民法院司法观点集成（刑事卷）》，人民法院出版社2023年版

25. 胡云腾主编、最高人民法院研究室编：《宣告无罪实务指南与案例精析》，法律出版社2014年版

26. 常铮、巩志芳著：《认罪认罚从宽制度六十问》，中国政法大学出版社2022年版

27. 李斌著：《精细化量刑辩护指南：办案高手随身的267个锦囊》，法律出版社2022年版

28. 潘美玉、高慧、戴奎著：《刑事证据审查手册》，法律出版社2021年版

29. 赵运恒著：《大辩护：我和我的刑辩故事》，北京大学出版社2022年版

30. 高云著：《思维的笔迹》，法律出版社2018年版

31. 张明楷著：《刑法学》，法律出版社2021年版

32. 张明楷著：《刑法格言的展开》，北京大学出版社2013年版

33. 秋山贤三著，曾玉婷译：《法官因何错判》，法律出版社2018年版

34. 吉姆·佩特罗、南希·佩特罗著，苑宁宁、陈效等译：《冤案何以发生：导致冤假错案的八大司法迷信》，北京大学出版社2012年版

35. 何家弘著：《亡者归来：刑事司法十大误区》，北京大学出版社2015年版

36. 易延友著：《刑事诉讼法：规则 原理 应用》，法律出版社2019年版

37. 切萨雷·贝卡里亚著，黄风译：《论犯罪与刑罚》，北京大学出版社2015年版

38. 刘星著：《西窗法雨》，法律出版社2022年版

39. 艾伦·德肖维茨著，单波译：《致年轻律师的信》，法律出版社2009年版

40. 易胜华著：《别在异乡哭泣：一个律师的成长手记》，北京大学出版社2013年版

41. 陈少文著：《日知为智：写给年轻法律人的信》，中国法制出版社2020年版

42. 李燕燕著：《无声之辩》，天津人民出版社2020年版

43. 程骞著：《历史的潜流：律师风骨与民国春秋》，法律出版社2015年版

44. 博西格诺等著，邓子滨译，《法律之门》，华夏出版社2017年版

图书在版编目(CIP)数据

刑事辩护入门及进阶参考 / 蔡家旭著. —北京：中国法制出版社，2023.7

ISBN 978-7-5216-3560-7

Ⅰ.①刑… Ⅱ.①蔡… Ⅲ.①刑事诉讼—辩护—研究—中国 Ⅳ.①D925.210.4

中国国家版本馆CIP数据核字（2023）第090306号

策划编辑：李 佳　　责任编辑：刘冰清　　封面设计：周黎明

刑事辩护入门及进阶参考

XINGSHI BIANHU RUMEN JI JINJIE CANKAO

著者 / 蔡家旭

经销 / 新华书店

印刷 / 三河市国英印务有限公司

开本 / 880毫米 × 1230毫米 32开　　印张 /7.75 字数 /145千

版次 / 2023年7月第1版　　2023年7月第1次印刷

中国法制出版社出版

书号 ISBN 978-7-5216-3560-7　　定价：42.00元

北京市西城区西便门西里甲16号西便门办公区

邮政编码：100053　　传真：010-63141600

网址：http://www.zgfzs.com　　**编辑部电话：010-63141837**

市场营销部电话：010-63141612　　**印务部电话：010-63141606**

（如有印装质量问题，请与本社印务部联系。）